名师名校名校长

凝聚名师共识
固老名师关怀
打造名师品牌
培育名师群体

李明远题字

醉心语文

陈梦心 谢红越／主编

中国出版集团 现代出版社

图书在版编目（CIP）数据

醉心语文/陈梦心，谢红越主编.—北京：现代
出版社，2022.4

ISBN 978-7-5143-9854-0

Ⅰ.①醉… Ⅱ.①陈… ②谢… Ⅲ.①中学语文课—
教学研究 Ⅳ.①G633.302

中国版本图书馆CIP数据核字（2022）第047198号

醉心语文

作　　者	陈梦心　谢红越
责任编辑	窦艳秋
出版发行	现代出版社
地　　址	北京市安定门外安华里504号
邮政编码	100011
电　　话	010-64267325　64245264
网　　址	www.1980xd.com
印　　制	北京政采印刷服务有限公司
开　　本	710mm×1000mm　1/16
印　　张	11.25
字　　数	180千字
版　　次	2022年4月第1版　2022年4月第1次印刷
书　　号	ISBN 978-7-5143-9854-0
定　　价	58.00元

目 录

第一章　课堂教学

第二章　教学方法

第三章　教学感悟

第一章

课堂教学

"语"我同行，"醉"能致远。

叶圣陶先生说："一切的教是为了不教！"

"师者，所以传道受业解惑也。"何为传道？实为引导。学生面对全新知识之时，心口滞涩，却又有强烈的学习欲望，仅凭个人努力和反复钻研是难以攻克这一"冰山"的。我们所倡导的启发潜能教育，首先是给人一种美好的信念：人人通过思维的引导，可以成就最好的自己。这种课堂教学模式充满着生命的情怀，洋溢着幸福的味道。这就是引导的影响和作用。

那么，我们为何要引导学生的语文学习进入"醉心"之境？传统课堂常以"满堂灌"的形式出现，较长的文本，学生只能一知半解，剩下的是听从讲析和解读。而我们如何引导呢？实乃"回归"二字。回归人，回归语文，解惑的冲动、思维的敏锐、对语文的兴趣，这就是"学而醉心，教而相长"的突破。这种引导与突破是建立在回归人本身的基础上，建立求知的主动性，确立明确的目标，抛掷突出的讨论点，增强解惑的兴趣。由此观之，只有启发于"醉心"之间，我们的课堂教学才能落到实处。

妙设"问题"，奏响阅读课堂的生命交响曲

深圳市盐港中学　陈梦心

　　质疑与提问是语文阅读课堂教学调控和推进的"常规武器"。肯尼基·胡德说过："教学的艺术全在于如何恰当地提出问题和巧妙地引导学生作答。"在阅读课堂教学中，师生相互对话，与文本对话，与作者对话……其实是思维在碰撞，本质上就是生命的一种运动，生命的"乐曲"在弹奏；一个个阅读问题，不仅仅是在示范引领课堂活动，更是在"引爆"学生阅读思维，就像这支乐曲的指挥棒。一位语文教师就应该掌握"提出问题和巧妙地引导学生作答"的艺术，即妙设课堂阅读问题，奏响语文阅读课堂这支美妙高亢的生命交响曲。

　　课堂阅读师生对话问题的提出方式是多种多样的，归纳起来，主要有直问与曲问、顺问与逆问、单问与套问、独问与对问、正文与反问等。但不管哪一种师生阅读对话问题，都会因为课堂阅读教学流程而呈现不同的特点。

一、课堂阅读教学的"发轫"阶段

　　这是课堂阅读教学的启动和导入阶段，是课堂的开始。这一阶段设计阅读问题的目的是培养学生对文本阅读的积极态度，激发他们的兴趣，然后引导他们深入阅读并理解文本内容和要点。这就决定了阅读问题的基本要求是使学生产生阅读课文的兴趣，向学生介绍关系性词语，为学生进入课文阅读学习做准备等。就好比提琴家上弦，歌唱家定调，第一个音定准了，就为演奏或者歌唱奠定了良好的基础。所以，设计一个良好的问题，对于整堂课的"定音"作用是不可忽视的。为此，这一阶段阅读问题的设计要具备以下特点。

1. 导向性

这种类型的问题要如同向导一般,三言两语,凸显重难点,简洁明快,引导学生迅速、准确地把握课文的关键,为学生的自主学习、合作探究定向。教学《报任安书》一文时,我在激情地列举了文天祥、林觉民等英雄人物在生死关头,紧紧扼住命运的咽喉,给自己一个悲壮而伟大的承诺,成就了"留取丹心照汗青"的辉煌之后,提出了一个问题:本课中的司马迁给了自己一个怎样的生命承诺?做出了怎样的抉择?布置同学们自读课文,寻找答案。这个问题不仅扣紧了本单元的教学主题"弹奏生命的乐章",而且为该文阅读很好地定了向,较好地触摸到了司马迁的伟大精神实质,促使学生深刻理解课文,并受到强烈的情感激励。

2. 悬念感

即课堂阅读开始时有意提出疑问、制造悬念,从而激发学生积极寻求答案的愿望,调动其探究思维。如有位教师在教学《论语》时是这样提出问题的:"有人说:若中国人不知道孔子,不能算是有思想的中国人;知道了孔子,而不知道《论语》,也不能算是有思想的中国人。"1988年,77位诺贝尔奖得主在巴黎集会的宣言中说:"人类要在21世纪生存下去,就要从中国的孔子那里寻找智慧。从中国的孔子那里寻找智慧,就要从《论语》里面去寻找智慧。孔子和《论语》为什么对中国乃至世界产生了如此深远的影响?"于是学生带着悬念学习《论语》,从中寻找答案,使阅读教学到达一定的深度。

3. 情趣味

或幽默,或激情,让学生在阅读的情绪上受到感染,或是快乐地进入阅读,或是激情地进入阅读,大大提高阅读对话的热情。比如一次组织学生阅读《春夜宴从弟桃花园序》一文,上课伊始,我便在幻灯片上打出了李白的画像,让同学们根据"人心不同,各如其面"的原理,为他相面,这引起了他们极大的兴趣。同学们根据李白画像上的头戴儒巾、吊梢眉、丹凤眼、鼻正口方等特征,纷纷说看出了才气、正气、傲气、酒气、侠气等,极大地调动了他们阅读课文的兴趣和积极性。又如赏析李白的《将进酒》时,我先在幻灯片上打出"七俗"后,问同学"七雅"指什么,学生答出来后,设计了这样一个问题:品茗不是很雅吗,却被列为"俗";而酒为什么被列为"七雅"之列呢?引导学生从诗与酒的悠久历史的角度来认识酒与诗的关系,认

第一章 课堂教学

识李白"酒入豪肠，七分酿成了月光，余下的三分啸成剑气，绣口一吐，就半个盛唐"的精神，激发了同学们鉴赏诗歌的极大兴趣。

二、课堂阅读教学"行走在路上"的阶段

这是课堂阅读教学的主体阶段。阅读问题设计一定要依照文本自身特点与学生阅读认知的心理特征，从感知内容、理解主题、分析艺术手法到感受语言魅力以及情感熏陶等方面考虑，由浅入深，由表及里，由整体到局部，由语言到手法等。这些问题的设计目的，就在于归纳、分析、推理、想象，深入理解课文，提高阅读能力。为此，阅读问题的设计一定要深，提纲挈领，既要从教学内容的整体角度出发，又要能兼顾学生的整体参与性，最好是"牵一发而动全身"的重要问题，以引发学生思考、讨论、理解、探究，"引爆"学生思维，激活阅读课教学。

那么，课堂主体阶段的阅读问题应具有怎样的特点呢？

1. 阅读问题设计的问点要恰当准确

从课堂阅读问题设计的流程看，恰当准确地选择问点是首要的一环。也就是说，在什么地方问、问什么，也就是所说的切入点，必须在精心钻研文本的基础上选择和设计。具体应包含以下几点。

（1）从关键点切入。关键点就是文本的重点。文本的重点既是文本主旨所在，又是阅读训练的重点。

（2）从结构的纽结点切入。结构的纽结点往往就是承前启后的段落，于此处设计问题，不仅可以指向全文的重点，而且有助于将问题串在一起，提示文本的构思，展现文本的脉络，便于师生与文本对话，从而整体把握文本。

（3）从文本的点睛点切入。文本的点睛之笔往往有统率全篇的艺术功用，于此处设计问题，有助于把握意旨，理解主题。

（4）从作者的动情点切入。动情点是"作者感情的爆发点，情与景的焊接点，也是意境的落脚点"。于动情处设计问题，有助于学生触摸作者的情怀，与作者对话。

（5）从事件的发展变化和人、事、理之间的关系点切入。小说和戏剧情节复杂曲折、人物众多、人物关系纷繁，如果能抓住情节变化、人物关系去设计阅读问题，往往会收到"纲举目张""牵一发而动全身"的效果。

（6）在疑点、难点、模糊点、含蓄点等处，也可设问。

2. 阅读问题的设计要有一定的思维强度与坡度

课堂阅读问题的提出，最忌讳的是浮光掠影、浅显粗陋，只要回答"是"或"不是"就行了，没有思索、推理的过程，毫无思维的强度与坡度。《普通高中语文课程标准》指出："阅读是搜集处理信息，认识世界，发展思维，获得审美体验的重要途径。""应让学生在主动积极的思维和情感活动中，加深理解和体验，有所感悟和思考，受到情感熏陶，获得思想启迪，享受审美乐趣。"所以，课堂阅读问题的设计，最重要的是要有一定的思维强度与坡度，做到以一驭十、提挈全篇，能奋力搅动学生的思维，实现阅读教学的最优化。

在《项链》一课的教学中，讨论"项链为什么是假的，真还是假有什么不同"，不仅一直是师生都感兴趣的问题，而且需要学生通过阅读去寻找答案，调动阅读经验去想象、去分析、去推理，具有一定的思维强度；教师在小说情节"逆转"之前已垫了"梯子"，是有思维坡度的。所以问题提出来后，学生们便像炸开了锅一样，你一言我一语，纷纷发表意见。他们通过阅读、思索和推理，再次深刻地认识了小说情节设置中"伏笔"与"逆转"的艺术魅力，认识了小说中讽刺与鞭挞的效果及主题的深刻，发现了真理，获得了启迪，得到了美的享受。

3. 阅读问题设计要紧扣学生的认知点、兴趣点、情感点，谋求思维的"生长点"

一位著名的教育实践家说："课上得令人感兴趣，意味着学生在学习和思考的同时，还感到兴奋和激动。对发现的真理不仅诧异，有时甚至惊讶，意识到和感觉到自己的智慧，体会到创造的愉快，为人的智慧和意志的伟大而自豪。"所以，成功的阅读问题设计必须紧扣学生的认知点、兴趣点、情感点。

如曹操的《短歌行》，反复强调了追求贤才之情，以及自己会竭诚礼待贤才之意。此时，我提出了一个问题："假如说，现在你是一个人才，某个公司老总要招聘你，你会提出什么样的条件？或者说你是一个老总，你会摆出怎样的条件以吸引并留住人才？"这个问题接近学生生活，扣住了学生的认知点，也是学生感兴趣的问题。所以，学生们争相发表见解。有的说要高职位、高待遇，有的说做老板就要待遇留人、感情留人、事业留人等。又如在学习《阿Q正传》时，我组织学生"联系自己的生活体验，谈谈人要不要有一点阿Q精神"。从"联系自己的生活体验"切入，学生能从这样的话题中提升生活的意义，接受语文的历练。

4. 阅读问题设计要呈现链条环扣式特征

好的课堂阅读问题，应该是基本围绕一个或两个研讨文章内核的关键问题，设计若干个小问题；每一个问题就像链条上的一个链环，前后勾连，环环相扣，由浅入深，步步深入，不断拧紧学生思维的发条，引导其思维不断进入新的"天地"，从而"问"出一潭活水来。比如，在学习《祝福》时，教师可以在学生整体把握全文后，设计出这样一个综合性的阅读问题："谁是杀害祥林嫂的真正刽子手？"这个综合性的问题涵盖着多个环环相扣的具体问题：是狠心的鲁四老爷逼着她一步步走向死亡，还是势利的婆婆，或是给她以指点的柳妈，或是对她临死时有关"灵魂有无"的疑问给以搪塞的"我"，或是冷漠的其他人？他们带给了她怎样的伤害，通过哪些描写可以看出来？这些人行为的背后其实都有一股怎样的无形力量在支配着他们？通过对这些具体阅读问题的解决，就能很好地理解谁是杀害祥林嫂的真凶，把握礼教吃人的主题。

三、课堂阅读教学"终点冲刺"阶段

这个阶段包含两个方面的内容：一个是引导学生对文本阅读内容进行总结概括，使学生对作品的内容、主题和形式有一个深入的、系统的或上升到理性的认知，提升鉴赏能力，并因文解道，因文悟道，发现真理；另一个是在立足文本的基础上，突破文本的限制，把课外资源引入课堂，把课堂学习引向课外，从而将课堂内容延伸至课外，把所学转化为所用，从而实现学生语文素养的提升。为此，课堂阅读问题的设计应注重以下特点。

1. 综合性

综合性是指要对课堂阅读的系列问题有概括性，要对文本的某一方面（或内容，或主题，或手法，或语言等）起到综合总结作用。比如，《祝福》"'祥林嫂注定要往死路上走的'，那么谁该为祥林嫂的死担负责任呢"（主题探究与总结）；《陈情表》"第三段的内容是否可以放在第一段的位置"（让学生探究作者发乎情、归乎理，先动之以情、再晓之以理，情真意切之良苦用心在结构上的体现），以具有综合性的问题引导学生深入思考，探寻文章的主题、意义、风格，从而形成教学波澜，制造教学高潮。

2. 关联性

关联性是指课堂教学拓展延伸的问题不能脱离文本、脱离语文，一定是对文本进行有效的拓展与超越，从而实现阅读能力和语文素养的提升。在《游褒禅山记》一文中，王安石把游山（准确说是游洞）的成功归为四个条件：一是有志；二是有力；三是有物；四是"险以远，则至者少"。也就是说，在有志、物、力的情况下，如果"任务"难度太大，"尽吾志而无悔"。这里王安石提出了非常重要的"四归因法"。在课堂上，我提出了一个延伸拓展的阅读讨论题："对于一个人做事的成功和失败，怎样的归因才有意义？"引导学生联系现实生活进行讨论。比如电影里"国军"打了败仗，将领说，不是他无能，是对方太狡猾！他们的错误是把失败归因于任务太难，失去自信及一些因为改变客观较难，产生"等靠要"的心理现象，最后得出一条真理："多为成功想办法，不为失败找理由"。这个问题，不仅是在文本内容基础上提出的，而且有批判性，有认识的加深，使学生在情志上受到了激励。

3. 开放性

许多教育家都认为，阅读是一种生命活动，是一种自由的生活、精神的生活、智慧的生活。许多语文教师也强调学生"对作品中感人的情境和形象，能说出自己的体验"，因此，我认为，从尊重学生基于生活的多元感受和对文本的多元理解出发，我们的阅读问题要具有开放性，不求整齐划一，但求人人参与，人人有思想的表达，打造"百花齐放，万紫千红"的语文阅读好课堂。《荷塘月色》中有一段不写"荷"与"月"的文字，在人民教育出版社1990年版的《高中语文》中删去了，我据此设计了以下几道讨论题：①让学生猜现在读到的版本中的哪些部分被删节了？②现在教材上又恢复了原貌，说明了什么？③这几段删得好不好？为什么？学生仁者见仁，智者见智，纷纷表达见解，虽无一致的答案，但思维活跃，令人欣慰。

课堂阅读教学的实践证明，要通过阅读问题的设计，赢得阅读课堂最佳效果，还应注意以下五点。

（1）在课堂阅读教学中，要着力培养学生爱思、多思、深思、善思的良好习惯，这是阅读教学中最核心的环节。赞可夫说："教会学生思考，这对学生来说，是一生中最有价值的本钱。"为此，我们必须突破"教师问，学生答"的旧有教学模式，大力鼓励诱导学生"主动设疑"，使其做课堂阅读学习的主人；对于在课堂上"你不问，我就不答"，存有课堂答问惰性心理的同学，要注意问题设计的针对性，或者设计一个课堂答问记分本来鞭策他们，千方百计地调动他们的积极性，使每一名学生都得到成长，真正成为学习的主人。

（2）避免阅读问题难易不当。《学记》中说："善待问者如敲钟，叩之以小者则小鸣，叩之以大者则大鸣。"阅读问题的设计必须从学生的实际出发，问题讨论之前要对学生的思维应对能力有一个准确的估计，估计低了，设计的问题太易，学生不假思索便可作答，时间长了，会失去参与讨论的兴趣；估计过高，学生搜肠刮肚不得所以然，一定会影响阅读讨论的积极性。

（3）避免问题设计得笼统模糊。"笼统"，是说提出的问题大而化之，缺乏具体性；"模糊"，是说语言不准确，甚至模棱两可。对于这样的阅读问题，学生摸不着要领，甚至无所适从。

（4）避免讨论答问强求一律。学生在阅读讨论中，对问题的答问常常不一致，这不仅体现了学生阅读心理和个性的不同，也是学生"知"和"思"的深度与广度不一致的体现。不强求一致，正是对学生阅读个性的尊重，也是阅读教学改革的重心之一。

（5）避免"满堂问"。其实课堂中并不是问题提得越多，效果就越好，关键看问题本身的思维含量如何。理想的"阅读问题"引领下的语文课堂教学，应是学生浮想联翩、精神焕发和创意生成的智慧沃土，在课堂阅读问题讨论中，不同的意识进行相互撞碰，能激发创造性思维。

《普通高中语文课程标准》指出："阅读教学是学生、教师、教科书编者、文本之间的对话过程。"多重对话的核心环节就是阅读问题的设计。在阅读教学改革中，我们要精心设计阅读问题，在语文阅读教学中，要通过师生之间的思想碰撞和心灵交流，奏响阅读课堂的生命交响曲。

尊重·激情·落实

深圳市盐港中学　陈梦心

教书20余年，我一直追求能够和我的学生们共历一场精神的旅行，体悟"语文"课堂上氤氲流动的文字之大美，感悟诗意之流淌。我心目中的好课堂，应该是以尊重为前提，去构建思维碰撞、充满激情而又学有所得的课堂。

一、理念决定课堂："尊重学生"是核心

课堂教学，从本质上说，就是师生生命共同交融、心灵共鸣的殿堂。作为教师，我们不仅要对学生的每一节课负责，还要对学生的一生发展负责，更要真诚地把学生视为心灵上的朋友、灵魂中的亲人。理念决定行为，尊重学生的主体地位，是一节情景交融的好课的关键。

1. 我们要学会把学习的主动权交给学生

教师在教学中要真心诚意地让学生做学习的主人。在课堂教学过程中，少一点讲解、分析、提问，多一些引导、点拨、激励，将思维还给学生。在教学实践中，我的基本做法是"五让给"，即把课堂的大多数时间让给学生，把充足的阅读与思考讨论让给学生，把阅读问题的结论概括让给学生，把作文的一部分评讲让给学生，把考试的部分评议让给学生。同时，我努力引导学生"会"学习，即让他们主动、积极、创造性地去学。这样一来，学生思考的时间多了，学习活动多了，表现自己的机会多了，体验成功的快乐多了，创造学习的惊喜多了。这样的课，学生能不喜欢吗？

2. 我们要学会观察与倾听

善于对学生进行观察与倾听，是教师在课堂教学中发挥主导作用的基本

第一章　课堂教学

9

功。所谓观察，就是察言观色，如学生的情绪状态、交往状态、认知状态、参与状态等，及时并恰当地采取措施，进行课堂调控，使课堂学习活动顺利有效地进行下去。所谓倾听，李政涛老师在《倾听着的教育》一文中写得很细致：要倾听学生的欲望和需求；倾听学生的情感；倾听学生的思想；倾听学生的疾病；倾听学生的差异与区别；倾听学生与他人的关系。课堂教学是倾听的艺术，学会倾听对上好一节课至关重要。

通过有效互动，教师能够及时了解学生对所学内容的感知及领悟程度，在倾听的过程中去规范学生的说法，及时给予肯定、引导、纠正、提炼、鼓励等，调整自己的教学和学生的学习方式，调控课堂流程，让课堂教学走向深入，确保每一节课有效顺畅。

3. 我们应全力构建和谐、民主的师生关系，营造融洽、民主、积极的课堂氛围

美国心理学家罗杰斯说过："成功的教学依赖于一种真诚的理解和信任的师生关系，依赖于一种和谐安全的课堂气氛。"可见，和谐的师生关系是课堂教学中培养和发展学生主体精神的首要条件。为此，我要求自己充分发挥"亲其师，信其道"的心理效能，强化师爱作用，在课堂上严格控制自己的情绪，要求自己"四带"进课堂，即"带着微笑，带着信任，带着激励，带着竞争"，同时还要做到"三给"，即"把信任的目光投给每一名学生，把尊重的话语送给每一名学生，把和蔼的微笑洒给每一名学生"。正是用热爱和尊重学生的行为，我赢得了学生的喜爱与信任，收获了师生和谐共鸣的教与学之佳境。

二、激情成就课堂：师生"同振共鸣"为佳境

我国著名教育家于漪说："激情是教师必不可少的素质。"苏联著名教育家苏霍姆林斯基说："有激情的课堂教学，能够使学生带着一种高涨的激动的情绪从事学习和思考，对面前展示的内容感到惊奇甚至震惊，学生在学习中感受到自己的智慧和力量，体验到创造的快乐、为人的智慧和意志的伟大而感到骄傲。"由此可知，激情不仅是一种职业道德形态，也是一种积极的教学行为艺术。

1. 带着激情去上课，是职业道德使然

唯有对激情有着执着追求的教师，才能培养出一批又一批激情追求目标

的学生。走在学生中间，站在课堂上，我总会感到激情满怀。站在讲台上，我一定面带微笑，声音洪亮，表情丰富，讲至兴奋时激情飞扬，情难自禁，让学生被我的激情"燃烧"，使课堂气氛活跃，思维碰撞。

2. 带着激情去上课，是一种教学行为，更是一种教学艺术

教学是心灵的对话，是心心相印的生命活动，必须以心激心，以情感情，以期师生的心灵"同振共鸣"。古人云："夫缀文者情动而辞发，观文者披文以入情。"自古至今，一篇篇名文佳作之所以传诵千古、流芳百世，就是源于作品中动人的艺术形象，饱含着作者的喜、怒、哀、乐之情，甚至凝聚着作者的鲜血和生命。教学中，要想把学生带进作品的艺术天地，去触摸作者的内心情感，在思想和情操上得到陶冶，教师就必须带着对作品深爱之激情，进入"角色"，使所教的课文"如出我口，如出我心"，去感染、打动学生，达到"天光云影共徘徊"的理想境界。

在课堂上，我始终把关注学生的激情放在首位。据说梁启超的课堂激情澎湃，讲到精彩处，"有时掩面，有时顿足，有时狂笑，有时叹息，悲从中来，竟痛哭流涕而不能自已"。情绪转好又"涕泗交流之中张口大笑了，每每过后，他总是大汗淋漓，状极愉快"。这更加坚定了我对于让激情成就课堂的信心。在课上，师生在激情燃烧和情感的立体交流中，使诱人的青春活力四射，充满在课堂的每个角落，绝对是人生乐事。

3. 带着激情去上课，我一直努力练习"巧舌如簧"的嘴上硬功夫

上课有了激情，但没有一张"巧舌"，把话说"通"，说"活"，说"准"，说"趣"，说"美"，富有感染力，圆满传达出激情，也是枉然。教师要善用声情并茂、抑扬顿挫、生动幽默的语言去催化激情。若教师根据文本的情境需要，或高亢起伏令人振奋，或语调低沉令人伤感，或一句幽默令人发笑，或一句妙语引人恍然有所悟，以才情、智慧催化激情，必会成就成功的课堂。

古人云："动人心者，莫先乎情。"在课堂教学中，教师有了激情，课堂就有了生命力。在一个充满生命活力的课堂中，学生将充满信心，朝气蓬勃，积极向上地投入学习，那么我们就将获得一个个有效的课堂。

三、落实夯实课堂：生悟真知师方佳

课堂教学注重结果，我采用的主要方法是"作业达成法"。布置作业练习，是课堂教学中的重要环节，也是促成课程目标的结果实现和确保学生学得好的最重要一环。作业达成，一定要做到"三原则"：一是从内容和形式上精细筛选或设计，以质胜量，以精要有用为原则；二是作业题目要有代表性，以练一道会一类、举一反三为原则；三是作业题目力求兼顾学生们在知识、能力上的差异性，做到既有统一性，又有区分性，以让不同层次的学生都得到提高为原则。

课堂教学注重结果，我采用的另一方法是"考试拉升法"。考试，有评定、诊断和反馈、预测和激励等功能，同时也具有很强的导向性，是推动课堂教学改革和学生语文学习力度的一个重要环节。所以，我一直采用"考试拉升"的策略。具体来说，以课程标准为依据，把各模块内容、知识点分散在课堂教学和阶段测试中。题量上，或三五题，或二十几题，不求全，但求有用；时间上，一二十分钟，或一节课，或150分钟，区分学情，切实帮助学生达成学习效果。

上好每一节课，让学生学有所得、思有所获，是我不懈追求的教学梦。在今后的教学中，我会一如既往地用我对教育的热爱、对学生的热爱，去激活课堂，让我的课堂能够活色生香。

参考文献

［1］单中惠.教育小语——100位中外教育家的智慧感悟［M］.上海：华东师范大学出版社，2006.

［2］李政涛.倾听着的教育［M］.上海：华东师范大学出版社，2017.

课堂上，学生之"积极有为"

深圳市盐港中学　陈梦心

　　课上，很多教师看到个别学生睡觉、答非所问、练习无兴趣、作业不认真等现象，便气不打一处来，回到办公室，便满腹委屈地与同事"分享"一番，抱怨"皇帝不急太监急"。其实，对担负培育后一代重任的教师而言，我们早应该冷静地分析这种情况出现的原因，转变教学观念，脚踏实地地进行教学改革。

　　学生在课堂上如此"无为"、厌学，原因是多方面的。有基础差、懒惰、偏科、染上贪玩恶习、弱智力等原因，但更重要的是，教师在课堂教学改革上浅尝辄止，仍在旧的教学模式上徘徊，上课"灌注式"，教学以教师为中心，学生只是任由教师摆布的"小羔羊"。这样，学生会的，你让他们听、让他们做，他们心里厌倦；听不懂、做不到的，他们就会反感。在我们的教学中，大多数学生在大多数时间里充当的是旁听者和观众。"节目"精彩心情愉快，不精彩却是一种度日如年的煎熬和怨恨。

　　如何改变这种状况呢？我认为可以从以下几点来实践。

一、把学生原本不是"不能为"，而是"不为也"的学习任务，交给他们去"为"

　　学生在完成学习任务的同时，若能获得自我认可和教师的肯定，就能品尝到学习的愉悦，激发课堂上"积极为之"的积极性。《春夜宴从弟桃李园序》这篇117字的文言短文，洋溢着诗情画意，文不甚深，学生凭借已有的文言阅读基础和书注，在文字理解上应该能自主完成。如果教师还按传统教法，不厌其烦地去讲授字词句，那么课堂一定是死气沉沉的，学生怎还会有

第一章　课堂教学

13

为呢？于是，我就设计了一份导学案，把文言字词理解和文句翻译作为自主学习任务布置给学生预习。在课堂上，学生分组阅读讨论，质疑释疑，并由学生归纳总结，不用教师多加一言讲解，就高效率地完成了文言字、词、句的教学任务。这样一来，学生自主学习、自我探知的兴致便更高了，知识学习更扎实，阅读能力得到提高，更重要的是增强了自主学习的信心，在课堂上"积极有为"的积极性得到了明显提高。

二、要精心设计促使学生"积极有为"的学习问题

爱因斯坦说过："提出一个问题往往比解决问题更重要。"有人说，问题的提出是思维的开始，因而就是课堂教学的心脏。我认为问题是牵引学生在课堂上"积极有为"的"把手"，因此，教师务必深入钻研文本，找准问题切入点，精心创设文本学习的问题情境，创设出一种能使学生"积极有为"的课堂环境。

《再别康桥》是20世纪中国较出色的一首别离诗，它犹如一首轻柔优美的小夜曲，诗人的自由天性、潇洒飘逸的风格与康桥宁静优美的自然风景融会成了别具一格的诗境之美。教学时，应以诵读领起，精心制作课件，集音乐、画面、照片、朗诵等视听手段于一体，让学生充分感受诗歌的优美境界，这是学得乐；而要学得深，关键是要将一定的学习目标转化为问题，如"《再别康桥》在你的心里留下了什么样的印象？它美在哪里？"教师组织学生展开讨论，并引导学生鉴赏诗歌的情感美、意境美、语言美。然后提出"诗人无限的怅惘离别之情是怎样表达出来的"这一问题，把鉴赏探究引向深入。这样通过精心创设的"问题情境"将学生的鉴赏活动置于"最近发展区"内，学生就会积极参与讨论，发表见解。

再如在学习《春夜宴从弟桃李园序》时，我设置了"李白在《梦游天姥吟留别》中发出'世间行乐亦如此'的感叹，又在《将进酒》中有'人生得意须尽欢，莫使金樽空对月'的说法，在本文中感叹'浮生若梦，为欢几何'，你认为这种人生态度是消极的还是积极的？为什么？"的讨论题，学生热烈讨论，出现了三种观点，或以李白仕途经历为据证明其消极，或以文本情景为据证明其积极，也有认为说不上积极或消极。有理有据，学生们主动参与，深入探究，惊喜连连。

所以，教师精心设计系列性问题，为学生提供"积极有为"的空间，

能使学生在自觉、主动、深层次的参与过程中，实现发现、理解、创造与应用，体现了"重在自主，重在发现，重在探究"的教学理念。

三、教师要有民主教学思想，在课堂上积极创设民主学习的氛围

教师在教学上不主观、不武断、不包办，更不歧视任何学生，而是充分尊重学生人格，鼓励学生发表不同见解，致力于构建民主、友爱、融洽的师生关系，营造宽松、民主、活跃的教学氛围，这样学生才会在课堂上"积极有为"。为此，教师要讲究课堂教学艺术，要时刻让学生感受到你对他们的爱，感受到你对他们的肯定和鼓励。

把微笑带进每一个课堂，把期待的目光投向每一个学生，把尊重体现在每一个细节上。多一些肯定，少一些否定；多一些鼓励，少一些批评。语言要生动、真诚、幽默，富有激情，富有启发性；在教学过程中，少一些直叙，多一些设问；少一些"是什么"，多一些"为什么"，巧妙叩开学生思维的闸门，点燃学生思维的火花。尤其是当学生的意见与教师相左时，如果是知识性的错误，就以平等商量的口吻巧妙引导，使之回到正确的轨道上来，但绝不能挫伤学生"积极有为"的积极性；如果不是知识性的错误，就应给予尊重或加以鼓励，使学生在民主、和谐的课堂氛围中"积极有为"，使其真正成为课堂的主人，焕发生命的活力。

心之语：如果你问我，什么样的课堂才是成功的？我要说，只有每个学生都积极有为的课堂，才是成功的！如果在你的课堂上，学生人人积极有为，那你就是最成功的教师！

课堂上，教师之"无为"

深圳市盐港中学　陈梦心

美国著名教育家多尔对教师这个角色是这样界定的——"平等中的首席"。那么，具有"首席"地位的教师在课堂教学过程中该如何把握"有为"与"无为"呢？

教师的"有为"体现在深入钻研文本，精心备课，并在师生对话中恰当引领与调控，把握教学方向，调控教学目标与进度，即时反馈教学成果上。教师的"无为"体现在充分发扬教学民主精神，让学生真正成为课堂的主人，而自己只做一名参与者上。我们在教学中做到"有为"常常有余，而做到"无为"则不是那么容易。因为这要大胆地把课堂还给学生，把学习的主动权交给学生，教师只做宏观上的引路者、旁观者、指导者（只在必要时才亲自参与），这就要挑战传统教学思想和方式了，同时也是教师崭新教学模式建构的过程。

课堂上教师若要做到"无为"，就必须在课前做足"功课"。依据《普通高中语文课程标准》，钻研文本，根据学情，删繁就简，精心制定学习目标；透彻分析学生的认知与参与学习的状态，恰当设计教学程序，学习问题设计首先要贴近学生认知的"最近发展区"，体现循序渐进、层层推进、富有启发性等特点；精心设计导学案，布置学生课前预习，并对学生进行学习方法的指导，要使学生主动学习、主动探究和会学、学好；精心设计一些必需的学习手段，如课件、视频等，为学生学习提供帮助；预测学生在学习过程中可能出现的偏差，预设调控措施；还要制定出学习反馈的措施，从而使教师在课堂上的"无为"收获"无所不为"的效果。

课堂上教师若要做到"无为"，就必须大胆地放弃主动教学，全力打造民主教学氛围；采用多种形式和有效的手段保障学生以主体身份参与活动。教师要和学生共同拟定教学目标，充分尊重每一位学生，珍惜每一束智慧的火花；通过多种形式创造教学情境，鼓励学生独立思考，积极发问，要尽可能地让学生多动口、多动手、多动脑，做到凡能由学生提出的问题教师不应提，凡能由学生解答的问题教师不应答，凡能由学生表述的内容教师不应说；要根据学生的学习能力划分自主学习小组，课堂学习时可根据学习任务采用小组自主探究学习、组组交流等多种形式，发挥学生们的集体智慧，通过他们的相互帮扶达到集体性的进步，创设学生与教师、学生与学生交往的重要平台。

课堂讨论根据必读课文与自读课文，分别采用诱导讨论式、答疑讨论式、点拨讨论式、自学讨论式和自学答疑式等教学方式；教师要具备宽容大度的胸襟，把"很好"或"你还需努力"一类表扬、鼓励性的话语挂在嘴边，绝不简单地否定学生探索的结论，绝不伤害学生参与学习的积极性和自尊心；创造更多的条件和机会，让更多的学生从自己的内心体验出发，感受主动参与学习的成功与快乐。

如教授《孔雀东南飞》时，我从学生的实际情况出发，探寻学生求知的兴奋点，了解学生对知识的需求点，把握学生对知识学习的深度，进而决定学生学习的宽度。为此，我设计了以下教学目标和程序。

一、按照导学案预习课文，提出问题

学生凭借已有的文言知识、借助课文注释并根据语言环境自主学习、积累文中的通假字、偏义复词、古今异义词和"相""自""适"在不同语境里的用法。并根据课文前后的导语及思考练习、教师提供的相关资料来预习课文，然后提出问题。

二、分组讨论探究，提出问题，确定问题

各小组通过质疑、讨论，先自行解决那些通过讨论便能解决的问题；然后由组长把意见不一或难以解决的问题集中到科代表那里，交给教师；最后由教师和几个小组长进行筛选、整合，确定出以下几个中心问题。

（1）兰芝如此美好的品行，为何却遭焦母的虐待直至被遣？（刘兰芝被遣归的原因是什么？导致焦刘二人爱情悲剧的根源是什么？）

（2）古代妇女地位不是很低下吗，那焦母为何能独断专行、为所欲为？

（3）封建社会中，妇女被休被认为是奇耻大辱，会遭人鄙弃，为何刘兰芝被休后身价反而更高了，以至于县令太守都来为儿子求亲？

（4）刘、焦最后双双殉情，你能用几句话来说说他们的爱情观吗？

（5）故事尾声二人合葬后出现的"连理枝""鸳鸯鸟"等浪漫奇幻情节，对于渲染故事有何意义？

（6）对刘兰芝、焦仲卿自尽殉情的分析评价。（使学生摆脱"你讲我听"的思想束缚，真正成为学习的主人，帮助学生通过研讨衍生新知识）

这堂课除了安排配乐音频朗读课文外，我完全交给了学生主导，而我基本"无为"。其中，我采用小组学习讨论与班级"集体讨论"相结合的方式，分分合合，气氛之热烈、思维之活跃和"主体性"发挥的充分程度都非常好，我个人也很享受学生自主学习带给我的惊喜。

课堂上教师若要做到"无为"，还要不断排除来自自身心理上的一些干扰。一个是不能因为一两次考试成绩不理想，而错误地归因于教师"无为"、学生"有为"的教学改革，从而半途而废；另一个是课堂的节奏偏慢，为赶教学进度而虎头蛇尾；还有一个是学生课堂讨论出现偏差，担心教学效果而轻易放弃。尤其面对部分基础比较差的学生，他们常常听不懂、看不懂，面对学习任务"心有余，力不足"，我们更不能放弃，要耐心指导他们学习的方法，帮助他们建立起自信心，调动起他们学习的主动性和积极性。授人以鱼不如授人以渔，这样做是值得的。

同时，我要强调的是，在课堂上教师之"无为"，不仅不能淡化教师的作用，相反，在某些方面教师的作用还应该得到强化，如根据学情调整教学目标、调控课堂程序、机智灵活地处理课堂教学中出现的不可预见的问题等。所以，我们在课堂教学过程中的"无为"功力，要不断探索、不断提高。

心之语：课堂教学的"有所为"与"有所不为"是辩证法，更是一门教学艺术。用"无为"达到"无所不为"，我将为之追求不懈！

让思想的灵光闪耀在语文课堂的天空

深圳市盐港中学　陈梦心

语文，是最接近学生心灵的学科。

在语文课堂教学中，师生不应只是在教和学，更重要的是让生命在其中涌动和成长。

也就是说，在这个十分重要的生命历程中，教师既要重视知识积累、阅读与写作训练、瑰玮雄奇文字的欣赏，更应重视思维训练，引导学生对历史、对人生、对当今世界及社会的思考，孕育思想，让思想的灵光闪耀在语文课堂的天空。只有在这样的课堂中，学生才能获得多方面的满足和真正的成长，我们的劳动才会闪现出创造的光辉和人性的魅力。

语文教材上的每一篇课文，不仅文字优美，而且思想内涵深邃，都是诗文海洋中的精品。为此，在阅读教学中，我们应引导学生在师生对话中，与作者对话、与诗文对话、与历史对话、与社会对话、与自然对话；在对话中，去认识、去发现、去审视、去批判。

例如，林觉民烈士的《与妻书》思想内涵比较浅近，"吾衷"是全文的思想核心（"吾衷"包括两个方面：一方面是"吾至爱汝"，另一方面是"为天下人谋永福"）。围绕这个核心，文章主要谈了两个问题，一是"抉择"结果："先汝而死，不顾汝也"；二是"抉择"原因："吾充吾爱汝之心，助天下人爱其所爱""天下人之不当死而死与不愿离而离者，不可数计，钟情如我辈者，能忍之乎""卒不忍独善其身"。如何才能让文章的解读具有一定的深度与新意？如何才能有所发现，有所思考，孕育思想呢？为此，我引导学生将《与妻书》的思想内涵放在更为广阔的文化背景下进行分析与理解，如"舍生取义""久在樊笼里，复得返自然""先天下之忧而

第一章　课堂教学

忧，后天下之乐而乐""人生自古谁无死，留取丹心照汗青""横眉冷对千夫指，俯首甘为孺子牛""生命诚可贵，爱情价更高。若为自由故，二者皆可抛"等，让学生从人类的优秀传统文化中找到注脚。同时，为让学生在生与死的问题上得到辩证的思考，我又引出毕淑敏的《我很重要》一文中的观点——一种看似与"舍身取义"论相对的观点："既然'我很重要'，为什么要'先汝而死，不顾汝也'？"让学生深入思考，从而引发学生对舍生取义、慷慨赴死等伟大精神的赞赏和认可，并坚定"我们无比重要的生活着，我们就为无愧于心灵对生命的许诺"的信念。这堂课，我上得很满足，因为我让学生明白了许多东西，整堂课闪耀着思想的灵光。

教师在阅读教学中要有自己独到的创见，因为只有这样，才能在课堂教学中闪耀着思想的灵光。这就要求我们在教学一个文本时，要用心去钻研，千万不要"鹦鹉学舌"、人云亦云，只会照搬教参，做一个标准答案的"邮递员"，而是要历史地、科学地、辩证地与作者对话，与文本对话，综合学生的思想状况，在教学中体现独立思考的意识，展现自己对世事、生活和人生的感悟与解读。

刘心武的《等待散场》以"我"的见闻为线索，描写了剧场内外的姑娘和小伙子等待散场的微妙心理，表现了两人至纯至真的美好爱情。教学这篇课文时，教学目标一是了解短篇小说特点，赏析小说善于化平淡为神奇、巧设悬念的写作特色；二是引领学生走进男女主人公的内心世界，感受他们默默为对方付出而无怨无悔的美好爱情，从而得到情感激励。本节课，通过师生对话，学生表达了对小伙子和妙龄女郎纯洁美好爱情的赞美，流露出对这种人性中的真、善、美的向往。在课堂处理上，我让学生齐读"沉浸在永恒的旋律中"的一段描写；接着，我以饱满的激情，配乐朗诵了一篇美文——《爱是一场等待》，并非常动情地说：爱情是人类永恒的话题，它是美好的、崇高的，它属于在座的每个同学，但爱需要等待。等待是一种明智，是一种成熟！所以，老师今天要叮嘱同学们一句话：春天不做秋天的事！这些朴素真切的引导，在学生的内心产生了积极而美好的影响。后来（包括学生毕业后与我相聚时），同学们常常会提起这节课上的一句话：春天不做秋天的事！

思想源于生活。

语文课上，师生对现实生活关注和了解的程度，对现实生活所持有的态度，决定了思想孕育的深度与高度。我始终记得这样一句话："语文学习的外延与生活的外延相等。"语文教师必须密切关注社会生活，持有积极的、正面的态度与观点，并能不断地在课堂上引入现实社会生活中永不枯竭的"活水"，让学生在鲜活的语文活动中倾听时代的声音，触摸时代的脉搏，感受时代的气息，激起学生思考的"千层浪"，凝聚学生思想的灵光。

综观高考作文，无论是话题作文、新命题作文、新材料作文，还是现在的任务驱动型作文，但凡引入了现实生活的"活水"，这篇作文便变得有血有肉，有思想有个性，从而能从万人一个材料（总是司马迁、屈原、文天祥等几个历史老人）、"千人一面"、形式单一、思想肤浅等作文困境中脱身而出，呈现出思想的闪光。

又如，我在教学《荷花淀》时，曾让学生观看《感动中国》中孟祥斌的故事。在感动的泪花中，学生们懂得了，英雄，不仅仅存在于浩瀚的历史长河中，或是炮火纷飞的战争年代里；和平年代，同样存在着许多为人民的利益而英勇奋斗的平凡英雄。而学习这些平凡英雄身上闪耀的不平凡的精神，具有卓越的现实意义。

这，就是思想的力量！

当然，语文课堂能否有思想，取决于它的语文教师是否有思想。一位语文教师若要做到有思想，至关重要的是要终身阅读。因为阅读是语文教师获取思想的源头活水。如果一位语文教师缺少阅读，那他就不可能有丰富的学识、丰富的精神世界、睿智的思想，就只会在课文之中转圈子，渐渐地，思想干涸枯竭，课堂上就只会呈现枯燥的知识、死板的题目、干瘪的语言，展现于学生面前的，就只能是面目枯槁甚至容貌可憎的课堂。所以，语文教师应把精力转移到阅读上来，做一个具有批判精神的思想者。唯有思想者才能在"传播学识、信仰、道德和人生理想追求"中立言育人，真正让我们的语文课堂永远闪耀着思想的灵光。

心之语：人，因思想而高贵。教师，因思想而高尚。让我们与学生一起，背起思想的行囊，在欣赏人生别样风景的同时，去创造出语文课堂更美的天地。

互动教学在高中语文教育中的应用价值分析

深圳市盐港中学　陈梦心

在当前的高中语文教学活动中，为了调动学生参与课堂的积极性，确保教育工作顺利开展，教师要看到传统教学活动中的不足之处，并积极应用现代化教育理念、教学方法，为学生创设出更加科学完善的学习环境。互动教学模式在高中语文课堂中的有效应用，让学生的语文学习过程更加精彩顺利，作为授课方案的制订者，教师要从实际出发，看到互动教学的价值，并设计科学方案，推进课程开展。

一、课堂互动的表现形式

1. 语言互动

语言互动是课堂中运用最多且最重要的互动形式，主要表现在教师的课堂提问、点名问答和课堂讲解等活动中，也可以是学生与学生间的交流讨论活动。丰富的语言能够给学生带来更好的知识体验，同时加深对学习内容的把握和理解，促使学生更好地投入语文活动中来。在语文课上，如果教师总是采用"一言堂"的模式展开教学，依照教材对学生进行单向讲解，缺乏交流互动，无法真正了解学生是否对学习内容有了深入了解，也难以促使学生高效表达自己的想法，长此以往，师生间互动的默契性会越来越低，学生也会变得更加依赖教师，从而导致自身学习能力、思维能力、理解能力、表达能力大打折扣。通过语言互动，能够让教师提高对学生的关注度，能够让学生集中注意力、调动学习兴趣、有效发展思维能力，进而加深对语文知识的理解和把握。

2. 眼神互动

眼神互动是教师和学生之间通过眼睛传递情感的一种互动形式，通过眼神交流，教师可以向学生传递很多信息，能够激发学生对于知识的渴求，并体会到来自教师的关注，进而愿意提升参与课堂的热情。透过教师的眼神，学生们可以感受到很多内容。比如在讲解课文时，透过教师的眼神，学生们可以加强对文章内容的理解，感受文章字里行间的欣喜、感动、惊讶、害怕等各种情绪，从而拉近学生和文章作者间的距离，全面提升阅读教学效率。同时，教师和学生的眼神互动还可以体现在课堂纪律的管理上，当学生出现开小差等行为时，教师一个善意的眼神提醒，就可以使学生们意识到自己的问题并及时加以改正，这样的互动能够保护学生的自尊心，促使其与教师形成良好的关系。此外，透过学生眼神的反馈，教师还可以了解学生是否掌握了所学内容，当学生感到迷茫时，教师可以细化知识讲解，从而提升语文教学质量。

3. 肢体互动

肢体互动是教师通过与学生进行肢体接触，来传达信息的一种形式。比如，摸摸头表示赞许、拍拍肩膀以示鼓励等，通过多样化的肢体动作，让学生感受到语文学习的趣味性，让语文教学变得形象生动，让师生间的交流互动变得更加丰富。通过肢体语言表达，还可以拉近师生间的关系，促使教学活动变得自然和谐。此外，需要注意的是，教师的肢体动作要大方、得体，在与学生接触的过程中，要使信息的传递更加准确合理，如此才能有效体现肢体语言的实际作用。

二、高中语文互动教学的应用价值

1. 有助于营造轻松的课堂氛围

通过开展互动教学，课上教师会制定多样化策略，加强自身与学生间的交流，无论是通过语言互动、眼神互动还是肢体互动，都能够使学生感受到语文学习活动是轻松有趣、活泼自然的，而不是沉闷乏味的。比如在开展口语交际活动期间，教师为学生们打造丰富的互动环节，可以使学生之间展开交流，在此期间，学生们可以畅所欲言，自由地表达想法，从而有效发展自己的语言能力，学生会在充满活力与色彩的课堂中更好地积累知识、发展能力。同时在互动中，学生的知识储备也会随之得到增加，进而实现综合素养的全面提升。

2. 有助于增强学生的探究兴趣

多样化的互动环节，能够有效地激发学生的探究兴趣，如在进行阅读教学时，为了增强学生参与课堂的动力，教师可以结合教材内容，出示多样化的思考问题，并将其交给学生，使其开展思考、探究，进而完成对知识内容的理解和把握。同时，教师还可以根据学生的表现，对其进行评价，促使学生感受到来自教师的关注和认可，以此树立学习信心。总之，在师生双方的互动交流中，可以切实激活学生对问题的探索兴趣，并在独立思考、合作探究的过程中，完成对知识内容的有效吸收。

3. 有助于凸显学生的主体地位

新课程改革方案提出，教育活动要将学生置于首位，要促使教师真正落实"以人为本"的教育理念，制订出科学合理的授课方案，有效体现学生的主体地位。通过多样化互动交流，学生可以获得更多学习思考的机会，可以有效参与多样化实践活动，还可以拉近自身与教师间的距离，实现对知识内容的有效吸收。此外，教师在构建教学方案期间，不断丰富互动环节，也切实彰显了将学生置于主体位置的思想，能够让教学形式不断得以创新优化。当学生的主体作用更加明显，参与互动的机会不断增加时，语文课堂就会呈现出更加精彩的局面。

4. 有助于构建和谐的师生关系

师生关系的好坏在很大程度上决定着教育活动质量的高低。当教师可以与学生友好地交流相处时，学生会更愿意参与课堂活动，并在活动中完成思考、探究。互动是教师和学生增进对彼此了解的最好方式，当教师能够了解到学生的学习需求、语文水平时，便可以制定出更加贴合实际的教育策略，从而使全体学生都能够获得有效发展。当学生了解了教师的教育目标、教育理念后，也可以更好地配合教师，完成学习活动，从而实现语文学习效率的全面提升。

5. 有助于深化落实新课改方案

新课程改革方案提出，要注重创新教育活动形式，促使教师能够制订出合理科学的教育方案，为学生们创造良好的学习条件，促使其能够获得对于语文的浓厚兴趣，并在良好的氛围下，吸收知识、发展能力。在开展备课活动期间，教师依据新课改中的相关要求，不断优化教学方案，并在授课期间融入多样互动活动，能够全面激发学生的学习兴趣，促使学生有效获得思维能力、合作能力、交流能力等综合素养的发展。通过互动活动的开展，可以深化落实新课程改革方案的相关要求，让高中语文教学变得更加高效。

三、高中语文互动教学的应用策略

1. 出示思考问题，创造互动机会

思考问题的出示，能够为学生的课堂活动增添色彩，促使学生积极参与到互动交流中来，完成对学习内容的探究与把握。在开展语文阅读学习时，教师要提前做好准备活动，并依据教材设计思考问题，优化教学环节设计，让课堂互动过程更加顺利高效。

比如在学习《记念刘和珍君》这部分内容时，通过课前备课，教师对教材内容有清晰的把握，并了解了学生的学习能力和综合水平，然后出示系列思考问题。比如，第一节前两段主要讲了什么事？开篇为何用如此详细的纪年？记叙了刘和珍的哪些事迹？反映了刘和珍是个怎样的人？在相关问题指引下，学生们可以获得独立思考的机会，接着教师通过点名回答问题的形式，促使学生说出自己的答案和想法，教师可以做出有效点评，并与学生们交流思想。在这样的过程中，课堂不仅仅是教师的"一言堂"，学生也可以不完全依赖教师，而是可以调动自己的思维，完成对问题的把握与了解，从而深化理解学习内容。

2. 开展小组合作，丰富互动形式

语文课上的互动交流，不仅局限于师生间的互动，还包括学生和学生间的互动交流，为了优化互动效果，提升教学质量，教师可以组织构建小组活动，促使学生能够在思考与探讨中，实现思维的拓展和学习能力的有效提升。对此，教师要按照学生的学习能力、综合水平，构建科学学习小组，然后明确小组任务，让学生们主动投入其中，进而切实优化互动效果。

比如在学习《师说》这部分内容时，教师可以组织学生开展合作交流学习活动。如在课前，组织学生们进行自主阅读，接着让他们参与小组活动，对相关内容进行翻译，并找到文章中的重点字词、通假字、古今异义词等，做好归纳整理工作，以便为接下来的深入理解学习内容做好准备。在互动学习中，学生的学习效果会大大提升，对于知识内容的理解也会不断增强。

3. 构建评价体系，进行师生互动

在高中语文教学中，评价体系的构建，对于学生学习语文知识来说，有着积极作用。在交流、探索、阐述想法的过程中，教师要认真聆听学生的发言、仔细观察学生的表现，并用科学合理的评价语言，对学生进行简要评价，促使学生认识到自己的优势与不足，同时促使学生感受到来自教师的关注和认可，进而不断优化自己的学习思考过程，全面提升学习信心。

比如在学习《锦瑟》这首诗时，在学生诵读、翻译、感悟诗词内容时，教师可以着眼于学生的具体表现，如对问题思考的深入度、课堂的纪律性、学习态度等，再对学生展开针对性评价，使其能够在感受教师正面评价的过程中，不断迸发积极的学习能力，从而实现学习效率的有效提升。

四、结语

综上所述，在高中语文教学过程中，教师要提高对课堂互动的重视，要意识到课堂互动的重要意义，同时制定合理策略，为学生创造良好的学习环境，促使学生能够在积极的学习氛围下，完成对于知识的吸收和把握，进而实现高中语文教学质量的有效提升。

参考文献

[1] 仇小红. 新课改下高中语文课堂多维互动教学模式探索 [J]. 散文百家（新语文活页），2020（4）.

[2] 李振华. 浅谈如何实现高中语文课堂互动教学的高效性 [J]. 天天爱科学（教学研究），2020（1）.

[3] 朱国芳. 多维互动教学模式在高中语文教学中的应用 [J]. 语文教学通讯·D刊（学术刊），2020（7）.

[4] 胡爱华. 多维互动教学模式在高中语文课堂教学中的应用研究 [J]. 汉字文化，2018（7）.

[5] 刘小鹏. 新课改条件下的高中语文课堂多维互动教学模式 [J]. 文教资料，2019（5）.

微笑·很好·鼓掌

深圳市盐港中学　陈梦心

对于课堂教学，我历来注重创设积极热烈而又轻松自如、深入严谨而又兴致勃勃的情境氛围。因为只有这样，才能极大地促进学生学习活动的积极性和自觉性，让学生在课堂上"自由地呼吸"，从而激发学生智慧的火花，促进学生良好的个性发展。第斯多惠说："教学的艺术不在于传授本领，而在于激励、唤醒和鼓舞。"所以，我以为，教师从走入课堂就应始终带着微笑。这微笑是亲切的，充满着对学生的爱：时而是期待的，时而是鼓励的。用我们的微笑，创造和谐、融洽、民主的课堂教学氛围。

记得2010年时，我班上有一名学生，非常内向、腼腆，平时与同学们很少交流来往，课堂上从不举手发言。为了帮助他改变性格、走进课堂讨论中，在一次阅读冰心著名散文《霞》，讨论到"'云翳'指什么"问题时，因为有注释，难度不大，我点名让他回答。只见他看看左边，再看看右边，红着脸慢腾腾地站起来。当看到我亲切而带着期待的微笑时，他迟疑了一下，回答道："阴暗的云。"我当即给予肯定："没错，是指阴暗的云。那从人生的角度上看，当你遇到什么事时会感觉'阴暗'呢？"他回答："挫折、失败。"他看我微笑着点头，又补充说："困难、沮丧。"我立即大声说："非常好！在这里'云翳'是比喻人生中的挫折、困难和痛苦。×××很棒！掌声鼓励。"从此，我发现这名同学在课堂上开始自信了，思维也活跃了。在课堂师生对话中，微笑是一种调节剂，传达着许多不用言传的丰富信息，对营造良好的课堂氛围，促进学生智慧的发展和个性的形成有着不可忽视的作用。

相反，教师在课堂上板着一副面孔，盛气凌人，甚至"怒发冲冠"，那

第一章　课堂教学

就是和谐、融洽、民主的课堂教学氛围的一服"毒药"！

2016年，我接新高一，教学毛泽东的《沁园春·长沙》，这首词表现了青年毛泽东所具有的革命英雄气概，博大胸襟，激昂慷慨，引人奋进，我非常喜欢，数度指导学生以此篇参加朗诵比赛，感觉很好；但课前我还是十分认真地备了课，准备充分，再加上高一新生有一个普遍特征，就是有热情，教好这一课应该是没问题的。可是，"天有不测风云"，人有瞬息变化，课前我因为一点私事惹了点气，内心极其懊恼。上课时，我努力调整心境，可是脑子仍然陷在那件事上，结果可想而知，整堂课我脸上的肌肉是僵硬的，没有一点笑容，虽然后半节课我的面部表情松弛下来了，但也没什么收效，整堂课异常沉闷，毫无生气。过后我懊恼不已，并发誓以此为戒：我爱学生，微笑永远是我课堂的标志！

微笑挂在脸上，"很好"挂在嘴上，这是我为自己规定的课堂行为准则。实践证明，对于学生在课堂上的表现，教师不仅要用热情而赞许的微笑及时予以鼓励，而且要用激情而诚挚的赞扬来肯定——这，很重要。

那么，什么时候说"很好"呢？首先，学生在课堂活动中，凡是积极的、正确的、精彩的表现，我都会充满激情地给予肯定，大声赞美说"很好"。我想教师们都会这样做的。那么在学生回答问题时，老是出现不够圆满、答非所问、理解错误等情况，要不要也大声说"很好"呢？我的回答是肯定的，保护学生参与课堂活动的积极性永远是第一位的！当然，我会分析他们"错"的原因，因势利导，达成教学目标。比如学生是因为没有弄清问题的含义答错了，我会说：很好！但你的回答提醒了我，要加强审题指导，然后插入审题指导。如果学生的回答属于阅读不细导致的问题，我也会说：很好！答案就在文本中。你的回答，告诉我们认真阅读文本、把握文意有多重要，接着进行必要的阅读指导。有时学生的发言有用词不当、词不达意的问题，我就会在"很好"之后，再提供一些词语，以商量的口气引导他辨析词义，不仅使他采用恰当的词语回答问题，同时也可培养他择词的习惯。甚至有的学生的发言会近乎"胡闹"，那也要说"很好"。有一次在教学《孔雀东南飞》，分析焦母性格时，有个学生发言说：焦母是不是更年期呀，许多学生嗤嗤窃笑，但我还是说了"很好"，并引导学生对前面的几种见解做对比分析。课堂上要对学生的表现大声地说"很好"，千万不要吝啬，如此一来，你的课堂就会是和谐、民主的，学生在你的课堂上就能"自由呼吸"。

此外，鼓励学生用掌声、笑声、叫好声等来肯定他人的发言也是一种好的教学模式。事实告诉我们，采用这样一些方式来肯定学生的课堂行为，能大大提升他们对课堂活动的参与度，大大激发他们参与课堂的积极性与自觉性。

著名教育家斯卡特金曾说，"教学效果基本上取决于学生对教学活动的态度""如果我们能做到百分之百地使孩子兴致勃勃地学习，不仅是孩子的幸福，也是教师的幸福"。

一点心得：对学生在课堂上的表现，教师用激情的赞扬、热情的微笑、兴奋的神情或期待的眼神以及真诚热情的鼓励等方式来回应，学生用热烈的掌声、笑声、叫好声给予及时而恰当的评价，就能营造出和谐、融洽、民主的课堂氛围，让学生在获得成功的体验和快乐的激励中发展智力，提高能力，提升素养。

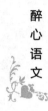
高中语文课堂教学渗透心理健康
教育的方法研究

深圳市盐港中学　范 雪

一、研究问题提出的背景

1. 现实背景

国内大量的调查研究表明，现代中学生存在着程度不同、类型各异的心理障碍，常见的有厌学、角色紧张和冲突、自我为中心、挫折耐受力差、过度依赖、过度焦虑、情绪脆弱、攻击性行为、人际交往障碍、孤独与冷漠等。上述障碍表现形式多样、成因复杂，会对中学生的健康成长产生不良影响，严重的会使中学生出现行为障碍或人格缺陷。中国科学院心理研究所的王极盛教授公开发表了他对全国中学生的多年调查，结果显示，高达32%的中学生有心理问题。中小学生的心理健康状况由此可见一斑。

因此，有必要针对中小学生可能出现的各种心理状态，从正面给他们以具体的帮助和指导。在学校开展心理健康教育是十分迫切和具有重要意义的举措，而在学科中渗透心理健康教育是开展心理健康教育的主要途径之一。能否在学科教学中渗透心理健康教育，最关键的是要看学科课程本身及其教学过程是否具备心理健康教育的资源。我们认为，无论是学科课程本身还是学科课程的教学过程，语文这一学科都蕴含着十分丰富的心理健康教育资源。

语文是最重要的交际工具，是人类文化的重要组成部分。利用语文的形象性特点来影响学生的心理，让学生在形象的熏陶中受到感染，既能完成语文教学任务，又能培养健康的心理，比教师直接说教效果更好。在语文学科中渗透心理健康教育有时间和空间上的优势。只要每一个从事语文教学的教师都能做一个有心人，适时有效地对学生进行心理健康教育，那么作为学校教育中"龙头"学科的语文教学，应该能够承担起一定的解决学生心理问题、培养学生健康心理的任务。

2. 理论背景

在西方课程发展进程中，许多学者都曾致力于"课程心理化"的研究，即要把"心理的目标"渗透到课程之中，从而促进学生心理品质的发展；从课程实施的角度来看，各学科课程如何实施，都有其特定的结构和目标体系。现代社会对人的培养规格要求是综合的，因此，在各学科课程中渗透心理健康教育是对课程本身的积极建构，是课程实施策略的一种改进和提升。

苏联教育家赞可夫指出："在传统教学法条件下，学生的心理发展已不是远到极限，还可能有高得多的发展，有可能被视为最理想的一般发展，已经建立的新教学论体系能够达到这个目标。"显然，赞可夫的研究已经蕴含了在各学科课程教学中渗透心理健康教育的思想。这表明用学科渗透的途径进行学校心理健康教育不仅是必要的，也是可行的。

3. 政策背景

1999年教育部印发了《关于加强中小学心理健康教育的若干意见》（以下简称《意见》），这是第一次以国家教育行政部门名义制定的关于心理健康教育方面的指令性文件，具有一定的规定性和指导性。心理健康教育作为一项重要内容正式纳入了中小学教育，同时也是全面实施素质教育的重要组成部分。2002年教育部又印发了《中小学心理健康教育指导纲要》（以下简称《纲要》），为广大中小学实施心理健康教育提供了理论与实践的依据，创造了一个实施心理健康教育的支持性大背景。

《国家中长期教育改革和发展规划纲要（2010—2020年）》更是直接指出：高中阶段的教育目标是建立科学的教育质量评价体系，建立学生发展指导制度，加强对学生的理想、心理、学业等多方面指导。

二、研究意义

1. 对教师的意义

学科渗透心理健康教育方面的研究很多，但是大多停留在理论层面，不具备实际的可操作性，我准备通过语文不同年级的主题活动设计和语文校本阅读教材的编写，让高中语文课堂教学渗透心理健康教育的研究能落到实

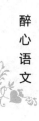

处，给本校的语文教师提供一些可操作的材料，以促进本校学生的心理健康发展，提高教学效率。

2. 对学生的意义

按照学生的心理发展规律和心理特点，结合语文学科教学的自身特点和教育资源优势，通过多种渠道和方式积极地施加间接的或直接的影响，不仅可以预防学生心理疾病的产生，还可以激发学生的各种心理潜能，提高学生的心理品质，最终促进学生学习效率的提高，实现学生个人的全面发展。

三、核心概念界定

1. 语文课堂教学

语文课堂教学是语文教师在课堂上带领引导学生学习的过程，是教育的最主要、最基本的活动形式。没有教学就没有现代教育，教学的本质是教会学生学习。

2. 心理健康教育

这里的心理特指学生的心理。教育者运用心理学、教育学、社会学乃至精神学等多种学科的理论和技术，通过多种途径和方法，培养学生良好的心理素质，提高其心理机能，充分发挥其心理潜能，从而提高学生整体素质并促进学生个性和谐发展的教育。

3. 渗透

原指液体从物质微孔中透过，后比喻一种事物（多指抽象事物）或势力逐渐进入其他事物中。由于语文教学的主要任务不是系统的心理健康教育，故它只能"渗透"心理健康教育的内容。

四、研究目标、研究内容及主要观点

1. 研究目标

（1）就年级层面而言

高一：尽快消除对新环境的陌生感，适应新学校，适应新班级，适应新教师，适应新同学，形成和谐、融洽的心理氛围。让学生尽快完成新旧角色转换，顺应班级氛围的变化，顺应学校管理的变化。尽快了解高中学习特点，初步掌握高中学习方法。对学习和生活中的困难有一定的心理准备，并有战胜困难的决心和信心。初步掌握人际交往技能。

高二：本阶段的学生将出现两极分化，应使学生认识到挫折的普遍性与必然性，增强主动战胜挫折与失败的心理能力，具有对挫折的承受能力，克服厌学情绪。进行青春期心理辅导，掌握异性交往的分寸。面对社会不良刺激，培养道德坚定性，引导学生探索，找出适合自身的学习方法，树立时间观念，克服松懈思想。

高三：使学生对自己的个性和能力有深入的了解与较准确的认识，能对自己的前途做合理的设计，培养学生正确对待内外部的各种压力，掌握调节情绪的方法和技巧。使学生了解考试焦虑的原因，掌握科学而有效的应试技巧。帮助学生树立正确的恋爱观。使学生了解大学生活，以逐步适应大学生活。使学生了解社会，以增强社会适应能力。

（2）就学习程度而言

优生：使其谦虚谨慎，克服目中无人的傲慢情绪。正确对待别人的优点和长处，克服嫉妒心理。合理调控心理，克服紧张、焦虑情绪。克服过度敏感心理。

中等生：使其志存高远，保持旺盛的斗志。帮助学生找到正确的学习方法，提高学习效率。培养学生的探索精神和创造精神。培养学生的自主精神和勇于表现自己的精神。

困难生：帮助其确立切合实际的学习目标，养成良好的学习习惯和遵守纪律的习惯，找到正确的学习方法，树立对学习的信心和兴趣，克服不良刺激。

2. 研究内容及主要观点

语文的学科特点决定了它对学生进行心理健康教育具有得天独厚的优势，我认为可以从课本内容的挖掘、主题活动的设计、作文课的安排和校本阅读教材编写四个方面着手，让高中语文课堂教学渗透心理健康教育的研究能落到实处。

（1）从课本内容中渗透

语文教材中蕴含着丰富的心理教育素材，选文都是经受考验、堪称经典、文质兼美的文章。内容贯穿古今、千姿百态，政治、经济、道德、礼仪、艺术、民俗无所不包，在拥有很多文化内涵的同时，更展现了中华民族千年文化中积极乐观、健康向上的情感态度与价值观，向我们展示了一幅幅或恢宏壮观、或婉约细腻、或狂飙突进、或和谐安详的历史画卷。语文教师

要善于发现其中美的、善的、健康的因素，以一种潜移默化的渗透方式去影响学生，使之自觉摒弃心理上不健康的因素，逐渐形成积极的、健康的心理结构。师、生、文本三者间的对话，可以潜移默化地培养学生对世界、对他人的理解和尊重，培养正确的荣辱观、生死观、善恶观、良心观、正义感、同情感以及自尊、自爱、自重，从而让善良和美好逐渐在学生的行为过程中起主导作用，以做出对他人、对社会有益的事。

① 通过整合教学目标渗透。新课改要求语文教学体现"知识与能力""过程与方法""情感态度与价值观"的三维教学目标。三维教学目标虽各有侧重，但三者和谐统一，集中体现了语文学科"工具性和人文性相统一"的本质属性。实际教学中，在引导学生掌握语文基础知识和基本技能的同时，教师要善于从贴近学生生活体验的角度出发，使他们敢于思考人生面对的问题，形成辨别是非、解决问题的能力，进而内化为健康的人格、良好的个性品质和正确的价值取向。基于此种想法，我对高中课本必修一到必修五的课文进行了整合，挖掘出了其中可以渗透的心理因素（见表1）。

表1

	精神力量	名人风采	情感体验	感悟自然	爱国情怀
针对学生的心理状况	急躁易怒、缺乏目标、意志薄弱、妄自菲薄、难以应付挫折、不豁达	没有榜样、缺乏目标、难以应付挫折	没有正确的爱情观，不能平和地与父母师长相处	感情不够细腻，对自然缺乏敏锐的感触，环保意识不够	冷漠，缺乏对社会的关注
必修上	《沁园春·长沙》《致云雀》《短歌行》《归园田居（其一）》《我与地坛》	《喜看稻菽千层浪》《以工匠精神雕琢时代品质》《"探界者"钟扬》	《静女》	《故都的秋》《荷塘月色》《登泰山记》《我与地坛》《赤壁赋》	《荷塘月色》《红烛》《百合花》
必修下	《装在套子里的人》	《烛之武退秦师》《庖丁解牛》《青蒿素：人类征服疾病的一小步》	《与妻书》《雷雨》	《登岳阳楼》	《中国建筑的特征》

	精神力量	名人风采	情感体验	感悟自然	爱国情怀
选择性必修上	《大学之道》《兼爱》《老人与海》《论语》《将进酒》	《县委书记的好榜样——焦裕禄》	《大卫·科波菲尔》《江城子》	《春江花月夜》	《中国人民站起来了》《长征胜利万岁》《大战中的插曲》《别了，不列颠尼亚》
选择性必修中	《怜悯是人的天性》《人应当坚持正义》《致大海》《自己之歌》	《屈原列传》《苏武传》		《荷花淀》《树和天空》	《记念刘和珍君》《为了忘却的记念》
选择性必修下		《蜀相》	《氓》《孔雀东南飞》《边城》《项脊轩志》《陈情表》	《望海潮》《蜀道难》《边城》《石钟山记》	

② 从作品的写作背景中渗透。每一篇优秀的文章都是作者内心情感和生活的真实反映，我们要清楚地了解作者的创作意图，了解作者创作这篇文章的目的，我们必须要了解作者所处的时代背景和生活背景，通过每一个作者独特的生活背景可以对学生发挥心理教育的独特功能。

③ 从作品的主题思想中渗透。如果对一篇作品的主题思想把握不准，往往会对作者的创作意图产生误解，从而也会对学生们的辨识能力和是非判断能力造成损害，所以在文学作品的主题思想中渗透心理健康教育就显得尤为重要。

④ 从作品塑造的人物形象中渗透。真正的文学作品关心的是人，作者通过对人物形象的塑造来帮助读者认识社会、认识自己，而读者则通过对小说的理解领悟人生经验和智慧，对自身产生积极正面的影响。人物形象无论是正面的还是反面的，只要运用正确的观点和方法来分析，都能对学生产生教育作用。

第一章 课堂教学

（2）从主题活动中渗透

语文主题活动不等同于语文课外活动。语文活动课程作为课程结构中的重要组成部分，不再是可有可无的形式，而是每名学生都必须参加的一种课程，它有自己的课程目标、学习内容和活动。我们可以从活动的评价标准的制定、活动主题的讨论、活动材料的收集、活动过程中的角色扮演和活动后的总结演讲几个方面来渗透对学生的心理健康教育。

① 确立活动中多样化的评价标准（增强学习兴趣与主动性）（见表2）。

表2

评价方式	评价内容/标准
自评	就自己在整个活动中的态度、与别人合作的情况、发表见解的水平以及活动的收获等进行评价
互评	评价成员的参与程度、合作精神、协调能力、讨论与辩论的口才，以及所发表的见解的水平 评议论文时，应以发现问题的独到性、提出观点的新颖性、运用论据的丰富性、评事论理的深刻性等作为评价的标准
教师评	教师对活动做总结性发言，给作文评分，并对作文进行讲评
交流型	将作文贴在班级的墙报上，交流阅读
评奖型	评出这次活动中积极参与奖、最佳口才奖、最佳辩论奖、最佳风度奖和最佳论文奖等奖项的获得者

从参评者这个角度看评价方式的改变，可见以自评、互评、教师评三类为主，另外，还有家长和社会有关人士参评。这种改变对学生来说意义是很大的，首先自评、互评都让他们从被动的一方成为主动发言的一方，对其自省自主能力、口语交际能力、参与精神等综合素质的提高具有直接的意义；其次从单一的教师评价变为教师、家长、有关专家社会人士等多方共同协力合作，对学生知识的丰富和健全人格的发展具有深远的影响。学生在多角度的评价中能够更重视参与程度和体验收获，更重视过程中与人的相处。

② 对于活动的主题讨论（取长补短，树立正确人生观）（见表3）。

表3

	认识自我	情感体验	感悟自然	关注社会	名人风采	经典阅读
活动主题与意义	认识自我，超越自我简介式的认识，深入剖析自我、认识自我，从而规划自我	探讨人与他人的情感关系，体会亲情、友情、师生情带给我们的思考与快乐	体悟自然的生命和灵性，认识并探究自然，欣赏自然中的诗情画意	提高对人与社会的认识，培养敏锐的观察能力、深刻的分析能力和强烈的社会责任感	收集名人事迹、名人名言，通过寻找榜样，帮助学生树立自己的人生目标	让学生在传统文化的熏陶下，养成平和的心态以及积极上进的人生观

③ 与同学合作收集资料（合作中学会与人交往）。在语文学习中，学会收集资料和利用资料是提高阅读能力与写作能力的重要方法，而在这个知识大爆炸的时代，收集资料往往不是一个人能够完成的事情，这就需要学生之间的配合与协作。

④ 角色扮演（更清楚地认识自我，更自信）。高中语文教材中有很多故事性很强的文章，很适合用角色扮演的教学方法进行教学，这样不仅生动有趣，能提高学生的课堂参与度，也能让学生更好地理解故事中人物的性格，更加勇敢地去展现自我，提高自信。

⑤ 主题演讲（敢于表达自我观点，更自信）。举行各种各样的主题演讲比赛甚至辩论赛，是提高学生的口头表达能力、语言组织能力、自我表现能力，甚至是建立个人自信心的主要途径。

（3）从作文讲评中渗透

作文是客观生活在学生头脑中的反映，是作者思想感情的"反光镜"。在作文训练中，不仅要提高运用书面语言的能力，还要不断加深对生活的理解，培养高尚的情操和道德品质，进行自我净化等。作文的这一特点决定了它在心理健康教育渗透方面具有得天独厚的优势。

高中阶段的学生对写作的技巧已基本掌握，完全有能力凭所积累的经验来自由写作，因此我们无须再把重点放在组织文章结构、运用修辞、练习描写方法上，而应把眼光集中在思考力上。结合这一教学重点，我们在引导学生激扬文字、针砭时弊的同时，也可以引导他们对自身做一些必要的剖析，对社会的热点问题发表一些自己的看法，这样就可以通过材料作文的材料及其作文的反馈对他们进行有针对性的心理健康教育的渗透。

① 选择作文材料（分类整合）。

② 审题指导（对不良心理倾向的学生进行引导）。指导学生作文审题的大方向或者说感情基调就是以现实生活、当今时代为背景，在标榜个性的今天，写出有内涵、有品位的高质量的作文。首先不能忽略学生的个体差异，从不同人的不同视野去看待周遭以及全世界，结果会大相径庭。不过，这是无须大惊小怪的。针对学生作文中表现出来的是非不清、认识片面等现象，教师要教会学生正确地去认识和思考生活，明晓事物发展的多样性和曲折性。在作文教学中，最重要的是注意培养学生运用正确的立场和观点去观察分析事物，以积极进取的心态看待新生事物的能力，多看社会的光明面和事物发展的规律，对社会的阴暗面、事物发展中的枝节要正确对待。

③ 学生作文互批（发现对方的优点及自己的不足）。学生经过多次批改实践，不仅准确地记住了写作的基本要求，而且对这些要求理解得越来越深刻。每个人都有机会看到多名同学的作文，这样便容易发现并学习别人的长处。别人的缺点和短处，自己要引以为戒，这样在思想上也多了一个互相交流、开放沟通的机会。

④ 书面评语和集体讲评（双途径和学生进行沟通）。写作评改和写作讲评是对学生写作实践的检验与评价，也是写作训练的一种指导。教师在评改和讲评时，不仅要在遣词造句上进行修改，还要在思想内容上予以一定的评价。这也是落实德育的一种方法。教师在讲评过程中要坚持正面教育。学生习作中的大部分思想是正面积极的，因此，教师要鼓励学生表达正面的思想、抒发健康的情感。通过习作充实、丰富他们的内心世界，使其健康快乐成长。对于学生习作中流露出的消极、不健康思想，要用正面的方式加以引导，不使其蔓延。要以优秀的习作进行正面宣传，长期下去，定会达到德育目标。

（4）从阅读资料中渗透

心理学中有一种治疗方法叫"阅读疗法"，首先由心理咨询员针对每个人的不同需求，选择适当的图书作为媒介，让当事人在阅读图书的过程中产生新的认知，并与咨询员一同讨论、交流互动，使当事人获得领悟，进而有效地解决问题。英格兰布里斯托尔大学的医生，经过多年的研究认为："阅读诗歌比吞服药丸能更有效地治疗焦虑症和抑郁情绪。"根据这个原理,在语文学科实施阅读教学活动的过程中,经过学生的广泛阅读,完全能把心理健康教育渗透到语文学科的教学中来,而且能做到不着痕迹。针对学生中普遍存在的心理问题,语文教师在实施阅读教学时可有意识地运用或选择有针对性的材料让学生自主阅读,通过对材料的阅读,一方面提高学生的文学素养;另一方面完善学生的心理素质,纠正不良心理倾向。所以在实际的教学过程中,笔者用了较长时间,集合了全校教师的智慧,编成了语文阅读校本教材。

① 选择阅读资料,分类整合,形成阅读校本教材(见表4)。

表4

	读书人生	道德力量	青春励志	感悟亲情	心灵驿站	自然之声
渗透目标	养成读书的习惯	做一个有公德心的人	张扬个性,激扬青春,关注社会	体会亲情,宣扬人文精神	克服急躁易怒、缺乏目标、意志薄弱、妄自菲薄、难以应付挫折、不豁达等缺点	体悟自然的生命和灵性,认识并探究自然

② 每周一个主题阅读,持续渗透。

③ 通过周记和教师进行阅读心得交流,构建良好的师生关系。

④ 通过相互推荐书目构建和谐的同学关系,取长补短。

中学语文教学中如何培养学生的
批判性思维能力

深圳市盐港中学　李圆圆

何谓批判性思维？批判性思维作为一种思维能力，不管当下如何定义，以下关键词必不可少：探究、质疑、深思、独立见解等。批判性思维本身就是质疑、推翻"形成的意见、做出的判断、形成的结论"这一过程的思维方式。思考者在这一过程中发现对已知的事物或者新事物的新的认识，不管这一认识科学与否，此种思维过程的表现都应当被认为是批判性思维能力。当学习者对所得消息、经验或所学知识开始有所质疑的时候，其实就已经开始运用批判性思维了。

随着我国新课改理念不断深入，各部门都在倡导培养学生的语文学科核心素养。语文学科核心素养包含了"语言建构与运用、思维发展与提升、文化传承与理解、审美鉴赏与创造"四个方面，2017年颁布的《普通高中语文课程标准》在谈及发展逻辑思维时，强调"能够辨识、分析、归纳和概括基本语言现象和文学现象，运用批判性思维审视语言文字作品，探究和发现语言现象和文学现象，形成自己对语言和文学的认识"，因此"批判性思维"显得尤为重要。

探究在中学语文教学活动中如何培养学生批判性思维能力的专著可谓汗牛充栋。本文立足于语文教学实践活动中的三个维度，从教师、学生、课堂教学三个方面论述：在中学语文教学中如何培养学生的批判性思维能力，引导学生思维获得螺旋式的发展与提升。

一、教师需具备批判性思维教学理念，点燃学生批判性思维的星星之火

我国基础教育的新课程改革进行了多年，但教育是育人的活动，我认为教育改革的灵魂在于理念的革新，关键靠教育的引导者、组织者——教师。

1. 更新教学理念

教师的教学理念更新，是教育改革的成功推手。在语文学科教学中，有多少教师更新了自己的教学理念？有多少人头脑中有清晰的批判性思维能力？有多少人架构了批判性思维能力在本学科教学中的渗透组织？要想培养学生的批判性思维能力，教师必先成为批判者，只有教师具备了批判性思维能力，才能助推学生，引燃学生的批判性思维之火。

2. 树立批判性教学意识

批判性教学意识应时刻影响教师的教学设计和组织。在语文教学实践中，教师可时常问自己这样几个问题：我在这堂语文课上要做什么？如何做？为什么要这样做？这样引导学生，学生会有哪些方面的反应？我该如何预设？如何引导学生质疑讨论？这样组织教学的效果如何？学生在语文方面的思维发展是否有提升？教师树立批判性教学意识，可极大地影响学生批判性思维的发展提升。

3. 及时反思自我的语文教学经验

教师教学经验的积累，并不意味着自身教育教学水平的提高。教学反思是教师对自己的教育教学实践的再认识、再思考，并以此来总结经验教训。只有当语文教学的经验总结与平时的反思共同发生时，才能带来教师的成长。教师是否在平时的语文课程教学中较多地使用传统的教学方法：偏重语言、句段的分析，课文的解析，如同动外科手术一样解剖一篇课文，关注篇章结构的分析？是否还以知识本位为主体，而没有跳出教授语文知识的桎梏？能不能采用更合适的教学组织形式，让学生在语文课堂上有话可说，有据可论，有大胆的提问，有学生对自己的疑问原来论证得出是错误的一种信服，有学生之间思维的不断碰撞？教师若能及时反思课堂教学，改进课堂教学措施，那么，这样的语文课堂教学活动便能促进学生批判性思维能力的提升。

二、学生需要借助批判性思维能力，实现更好的个性发展

1. 帮助学生学会独立深入思考

批判性思维是一种深入的思维，即依据支持其某一结论的原因，对知识的假定形式进行一种积极有效的思考。在教学活动中，批判性思维的培养也是对智力的一种有效训练过程。在培养学生的批判性思维能力上，语文教师需要帮助学生学会深入思考、独立思考。"独立人格，是做人的核心品性，它来自独立思考、大胆的质疑和批判性思维。"在语文课堂上，教师可设置更具包容性的问题，引导学生敢于质疑，善于发现问题，自己提出问题，找到依据，筛选分析，并找到解决问题的方法。

2. 引导学生参与合作学习

学生在语文课堂上不参与合作，那么就会很少接触到其他人的观点，也就无法形成批判性思维。学生在课堂上的合作参与，是高效教学的一种表现，也是学生形成质疑思维的一种有效手段。学生能参与合作学习，也是语文教师精心计划和实施具体的课堂策略的结果。因此中学语文教师需要合理设置，创设出一种学生敢于质疑、积极合作讨论语文问题的课堂情境，让学生合作学习成为一种课堂常态。让质疑、推理、讨论、分析、判断成为课堂上常听到的声音。

3. 提高学生学习的专注力

从时间上来说，专注力是一种短暂的现象，持续时间从几秒钟到几分钟不等。学生在语文学习活动中不可能一直处于高度专注的状态，但可以时刻参与课堂。教师可采用多种手段，提升学生的课堂专注力。"用幽默的课堂氛围促进学生学习的热情，提供让学生倍感意外的有趣的课外信息，利用游戏激发学生学习的情境兴趣，抛出问题，发起友好的争论，帮助学生深入课堂。"引导学生持续专注于本堂语文课的几个主要问题或就某几个主题进行争论。在此过程中，学生能够意识到自己的偏见并及时做出补救，进而克服这些偏见并做出更加准确的判断，消除不利的影响；并以一种更加开放的态度理性地对待各方观点，求同存异，以辩证的思维方式解决问题，专注于自己的语文课。

三、课堂教学实践多围绕"多样"和"争论"来开展

1. 语文课堂教学方法的多样化

相对于以往的以传授语文知识、应对考试升学的模式而言，培养学生的批判性思维能力，对中学语文教师来说，有了更多的要求，有了更大的挑战。教师必须做出改变，改变以传统教学讲授为主的教学方法。授课方式可以由教师引导、学生提问、小组讨论、组内质疑推理判定、小组展示、教师总结等环节构成。在这些环节中，学生思考、质疑、不盲从、不盲信权威。

讨论式的教学方法更适合语文课堂上的阅读课教学，学生细读文本，对所阅读的文本内容做出独立的理解，对主要问题加以讨论，从文本中找出依据，其他学生质疑依据的合理性。针对文本阅读理解的拓展，教师可以结合学生当前的理解和讨论，在学生的认知水平上，要求学生进行辩证的写作。问题的讨论，使学生进一步巩固了自己的思维能力；辩证的写作表达，使学生进一步实践了语言文字的运用，思维能力的输入与输出就能得到更为有效的结合。教师用积极的课堂氛围调动学生思考，师生之间、生生之间，包括学生和文本之间对话式的交流，在教学内容的设计上有所创新和突破；运用组合式的教学手段，实现语文课堂教学方法的多样化，学生的批判性思维能力也得到了更好的激发。

2. 语文课堂教学问题的争论性

问题是盘活课堂教学的重要推手，好的问题设计是一堂好课的灵魂所在。教师是学生学习活动的参与者，教学活动中问题的提供者，问题解决的引导者。

在实际的语文课堂教学中，教师对问题的预设一定是要挖掘文本中有价值的问题，提出有"争论性"的问题，预设对学生的思维开发有开放性、包容性的问题。

以初中统编版教材七年级下册第六单元《河中石兽》为例，文中对于河中失石，三人有不同的见解。最后借老河兵的经验："河中失石，当求之于上流。"那么在现实生活中，落入河中的大石块，真的会在上游吗？这引发了学生积极的争论，引发学生辩证看待问题的思考。"权威"的答案把我们的思维禁锢，让我们渐渐失去了批判的意识和能力。批判性思维使我们能始终保持理性思考，对问题抱有审慎的态度，懂得发现和分析问题。最后引导

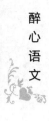
学生认真看待课文结尾处："天下之事，但知其一，不知其二者多矣，可据理臆断欤？"做出选择判断和思考的，提出有效方法和过程的，就是批判性思维。由此可见，在实际的语文教学中，教师应巧妙提出问题，为学生制造充足的锻炼机会，以便更好地掌握批判性思维方式的培养模式。

四、结语

正如美国历史学家、作家塔拉·韦斯特弗在《福布斯》杂志访谈里说的："教育意味着获得不同的视角，理解不同的人、经历和历史。接受教育，但不要让你的教育僵化成傲慢。教育应该是思想的拓展，同理心的深化，视野的开阔。它不应该使你的偏见变得更顽固。如果人们受过教育，他们应该变得不那么确定，而不是更确定。他们应该多听，少说，对差异满怀激情，热爱那些不同于他们的想法。"看来人若有了批判性思维，生活才会丰富多彩，而参差多态才是这个世界的本质。

培养学生的批判性思维能力是落实语文学科核心素养，提升学生思维品质的重要措施，对学生成长有着重大而深远的意义。其中最关键的是教师，教师必先成为批判者，磨炼自身的质疑精神，提升自身的批判素养，不断引导学生勇于怀疑，敢于质疑，严密论证，科学推理，才能对学生产生榜样作用。师生一起分享、一起思考，鼓励学生发挥独立思考的能力，让学生在学习活动中慢慢形成并提升批判性思维的品质，促进学生批判性人生态度的养成，更好地发展自己的个性品质。

参考文献

［1］中华人民共和国教育部.普通高中语文课程标准（2017年版）［S］.北京：人民教育出版社，2018.

［2］顾之川.论语文学科核心素养［J］.中学语文教学，2016（3）.

［3］罗伯特.J.马扎诺，黛布拉·皮克林，塔米·赫夫尔鲍尔.高度参与的课堂：提高学生专注力的沉浸式教学［M］.北京：中国青年出版社，2019.

第二章

教学方法

"木铎起而千里应，席珍流而万世响"，教学之道在于知法、知道、知心。只有知心，才能游目骋怀，醉心于文，成就语文带来的审美体验。然而我们的学生却时常困惑于语文的学习法，不得其门而入。这时候，学生迫切需要的不是高山仰止的榜样，而是如影随形的点拨、源源不断的即时反馈和正向激励。对教师来说，摆脱功利心的教学若同时摆脱了目的性的演练，同样是无根之木、无源之水。知心，须学之有法，有路可循。

"醉心"语文，须师生共同努力。只有掌握技艺、点铁成金，方能庖丁解牛，游刃有余。教师应蹲下身子，对话学生，鼓励创造，宽容错误，孜孜以求最适合学生的路径。写作是难的，教师们锤炼方法，打磨教案，带着学生以读促写，以写促读，"三步一主"，将困难当成风景，将挑战当成游戏。阅读是难的，教师们寻径探佳处，教会学生以己之情体他人悲喜，理解、共鸣，识文也读心。

"志于道，据于德，依于仁，游于艺"，方法的探索仍在路上，高蹈的境界虽不能至，但心向往之。

说·读·写

——"三步一主"议论文写作指导初探

深圳市盐港中学　陈梦心

　　议论文写作历来是高中生的写作难点，部分学生甚至畏写如畏虎，厌写如厌鼠。如何才能通过系列手段，帮助学生跨过"畏""厌"的心坎，激起"愿""想"之信心，让学生在议论文写作中体会其"意趣、哲韵、象新、言譬"之大美呢？我尝试以"三步一主"的方式贯穿作文训练始终，即以议论文写作为主线，以说、读、写为训练点，有机贯穿为完整的教学流程，实现作文教学效果的最优化。"说""读""写"三步既有分阶段训练，又彼此关联："说"中有"读"，"读"以促"说"，"说""写"结合，"读""写"并进。

一、说

　　叶圣陶先生认为，作文即"写话"。他在《怎样写作》中指出："话怎么说，文章就怎么写。"①由此可见，帮助学生跨过"畏""厌"心坎，还得先教会学生"说"，且要"说"得好。

　　怎样才算说得"好"，关键在"通"字。思路通，文自通畅。在日常教学训练中，笔者有意识地引导学生先学会"说"，且要求说得条分缕析、言之有物。而要达到这个目标，先要学会梳理学生思维，导之有法。

---

① 叶圣陶.怎样写作［M］.北京：中华书局，2007.

1."说"什么

现在的学生，阅读量匮乏，说什么，成了大问题。教师可在日常教学中引导其关注生活中的热点，聚焦社会上的焦点，让新鲜火热的素材成为训练学生思考力、学习力和表达力的契机。

为了鼓励学生表达并言之有物，在高一入学阶段，笔者特设了课前三分钟说话活动，让学生分享名言警句、美文佳作。同时，要求学生准备积累本，记录经典素材。为了更好地运用所积累的素材，教师须引导学生做好两件事。

（1）素材的整理归类

在积累素材的过程中，应学会整理素材，思考提炼价值取向。根据素材的特点，可将其分为：课内人物、课外人物、时事热点、名人名言、故事寓言、热心助人、奋勇拼搏、真情至爱、青春飞扬、挑战自我、心灵审视、仰望名人、心路历程、品味文化、责任信念、寄情山水、守护心灵等；还可以进一步归为：人物类、励志类、时事类、情感类、景观类等。

做好素材分类，写作引用时自然不会手忙脚乱，避免出现守着庞大素材库却不知精当运用的尴尬局面。

（2）素材的多元挖掘

学生的生活积累也许不是广袤的大地，但至少是花盆的土壤。高考作文命题好比一颗种子，在任何一盆土壤中都应成活发芽。所以，对学生而言，贵在吃深、吃透独特的作文素材，经营作文的日常"土壤"。

如学生熟识的苏东坡，就可以从多角度进行思考：既可以了解其青年时的锋芒毕露，又可以思索其在生活的磨砺中渐臻圆满和成熟的体悟；既可以让我们顿悟其值得铭记在心的气度，又可以让我们学会如何遗忘红尘中的蝇营狗苟……也正是苏东坡的相关资料，在10省高考的不同作文命题中，开出了各具灵性的思想花朵。

面临一个相同的人物（苏轼）时，考生们即使身在考场，也能根据作文命题，巧设角度，化为己用，使人不仅为学子的巧思击节叹赏，也感受到同一对象、同一则材料多角度使用的妙处。

事实上，当学生深入作文素材库，用心地体验多角度解读材料的过程，必会在提笔行文时，有话可说，有事可叙。而这样一个思维过程也是帮助他们由茧化蝶的美丽过程。

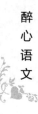

2. 怎么"说"

解决了"说"什么之后，教师还要逐步引导学生学会"说"的技巧，即怎样"说"才能"说"得好。

（1）由"乱"（杂乱无章）入"序"（有条有理）

有了积累，可以言之有物，但怎样说依然是学生感到困惑的。这就需要教师引导其学会叙述事实、阐明观点及分析论证等。

学生在说时，常常陷于思维之"乱"，我为此从高一第二学期起，将课堂三分钟分享换成了即席演讲。

每天一个演讲主题，先做一分钟思考，然后是有理、有例、有节地进行三分钟即席演说。演说要具备"四有"意识：有明确的观点，有恰切的事例，有清晰的条理，有深刻的内涵。

以某次即兴演讲为例，先来看学生思维的混乱过程。

弱者认命，强者抗命

我认为，弱者就是懦弱的人，他们在生活面前，缺少勇气，不敢抗争；而强者，就是英雄。我认同的英雄是西楚霸王项羽，他乌江自刎时说：我死之后，依然是西楚霸王，所以，他是生活的强者。

显而易见，这次即兴演讲是不成功的：一是浮于文字表面，未能真正理解演讲主题的深层内涵；二是思维混乱，偷换概念，更换主题，演说乱而无序。

说得"乱"的背后是思维混乱。为此，我向学生提出演讲前打腹稿要"三问"的要求：是什么？为什么？怎么办？使其思维清晰；再提出演讲的评价标准：有观点、有事实、有分析、有深度。每次演讲前，应查一查打腹稿时是否有"三问"，思维入"路"与否；演讲后评一评是否有"四有"，想一想如何提升。

（2）由"浅"（浮光掠影）入"深"（一语中的）

在解决了说之"乱"后，还需培养学生抓住论题核心信息的能力，使其思之"深"。

在此过程中，关键是引导学生建立正确的价值观，学会辩证的思想方法；要善于问"为什么""怎么样""假如我"等，使其思考力深入发展；或"反向"引导，促进思维创新。

仍以上述演讲主题为例，看另一个学生的思维由"浅"及"深"的过程。

弱者认命，强者抗命

弱者认命，强者抗命，这八个大字我们可以从两个方面进行解读。我认为，要想谈好这个问题，得先解决两个概念：一是何谓弱者，一是何谓强者。弱者，从字面上解读，应为弱小之意。他们在命运的考验面前，是节节失败的懦者，在无力抗争之时，以"命运"作为自己的借口，安于现状，故步自封；从精神层次上解读，弱者即为"脆弱"。他们的典型表现是缺乏意志力，缺少勇往直前的决心，在人生的考题前，他们因内心的畏惧，而永远无法跨越，所以他们是失败的代名词。

而强者，在我看来，意味着"奋勇拼搏，勇往直前"。他们拥有执着追梦的勇气，有百折不挠的决心，更有在困难面前的正面冲锋。这个词语，让我想到了我们班级的班语：一家人，一起拼。我们班语的核心词是"家"和"拼"，我们拥有家人的温暖，拥有我们这个大家庭中所有"兄弟姐妹"的爱和鼓励，更有这些"家人"的一路前行，一路追梦的艰辛；而"拼"字，则代表了我们愿做生活中的强者，愿做自己命运的主宰！我们拥有最美的梦想，我们更拥有执着追梦、永不放弃的坚持。我们直面人生挑战。我们每一个人都愿做人生的强者。

对比前面混乱的演讲，这名学生的演讲已完成了思维由浅及深的嬗变。其实本班学生刚开始进行即兴演讲时的表现，大都是顾左右而言他，一分钟不到就理屈词穷，更甚者，思维混乱，浮光掠影，不着边际……在笔者的引导和共同的坚持中，如今学生的即兴演讲已有了思想的交锋和沉淀，作文能力也在潜移默化中得到了提升。

3. "说"后就"写"

学生掌握了"说"的技巧后，还要将之化为"写"的能力，使"写"的过程翻转为"说"的动力，并提升"说"的水准。

所以，每至周末，学生均需写一篇时评，由开始的三五百字逐渐扩展至800字。写时评需贴近生活、贴近社会，处于青春期的学生思维活跃，面对丰富多彩的社会生活、生动鲜亮的热点问题，他们有话要说，有理要申。所写时评观点鲜明、事实鲜活、分析深入，使学生尝到了议论文写作之妙。

先"说"后"写"，为学生学写议论文巧搭了登堂入室的新台阶，更让学生从内心产生一种有话想说的冲动，激发说好、写好作文的强烈欲望，从而能够轻松顺利地由"怕说"转为"想说"，由"厌写"转为"愿写"。

二、读

读与写，一为"厚积"，一为"薄发"，是语文作文教学腾飞的"双翼"；读，就是为学生写作开辟了"清水"汩汩而来的"源头"。正如叶圣陶先生所说："阅读是写作的基础。"①蘅塘退士在《唐诗三百首》序中也谈到了"读"的重要性："熟读唐诗三百首，不会作诗也会吟。"②阅读训练跟不上，写作能力便很难提升。

1. 读什么

伊拉斯谟在《一个基督教王子的教育》中说："孩子最初阅读和吸收哪一类书籍是十分重要的。不正经的谈话毁坏心灵，不正经的书籍毁坏心灵的程度并不比它稍差。没有声息的文字会转变成为态度和情绪，特别是当它们碰上一个有某种缺点的天然性格的时候更会如此。"③由此可见，引导学生读什么也是一种智慧。

资讯社会，信息泛滥，点开电脑，各色文字纷涌而来。而网络文字，大多驳杂不精，甚至语句不通，文法不明，思想晦涩。教师要在信息的云计算时代引导学生练就一双"火眼金睛"，去汲取必要的精神食粮。

名家名篇、美言警语无疑是最好的选择。这类灵动的文字，讲述着别样的风情。在优美的文字中徜徉，获得精神上的至高体悟，在由奇丽的文字构造的审美意境中，我们的素养得以提升，精神得以滋润，气质得以熏染，并以"腹有诗书气自华"的姿态，书写百样人生。所以，人生能够伴随"读"而走向丰盈是种幸福。

当我们走向名家的文字世界、走近名家的人格世界时，不难发现，阅读几乎贯穿了他们生命的始终。季羡林先生在《谈写作》中，用大量篇幅谈了"读"的重要性和必要性："记得鲁迅先生在答复别人问他怎样才能写通、写好文章的时候说过，要多读多看，千万不要相信《文章作法》一类的书

---

① 叶圣陶.怎样写作［M］.北京：中华书局，2007.

② 蘅塘退士，清朝人，1711—1778，原名孙洙（zhū），字临西，江苏无锡人，《唐诗三百首》的编选者。

③ 单中惠.教育小语［M］.上海：华东师范大学出版社，2006.

籍。我认为，这是至理名言。"①

教师要引导学生读时文、美文、名人传记、历史散文、名家杂文等。所读要精，所入要深。不妨向学生推荐《杂文选刊》《周国平小语》《林语堂语录》《罗兰小语》《培根论说文集》《活着》《北方的河》等。

2. 怎么读

见多了走马观花、泛泛而读，见多了读而不思、浅尝辄止，所以，如何读出智慧、读出收获就显得至关重要。

对此，老舍先生的解读是："凡是有名的小说或剧本，其中的语言都是原原本本的，像清鲜的流水似的，一句连着一句，一节跟着一节，没有随便乱扯的地方。这就告诉了我：文艺作品的结构穿插是有机的，像一个美好的生物似的；思想借着语言的表达力量就像血脉似的，贯串到这活东西的全体。"②可见，老舍读书时，是在用心灵感受着作品的勃勃生机和无穷魅力。

（1）品语言运用之"畅"

我们说话，讲求流畅有度；行文写作，更应讲求文通字顺。教师要引导学生在"读"时，关注语言运用的生机，探求作者思维的流动，先求"思通"，才能达到"文自通畅"的效果。

（2）悟语言运用之"美"

文学是由语言承载作家绮思的最美丽的梦境。作家们以其巧思，用语言描绘了一幅幅和谐美丽的画卷：有的似中国水墨画，在浓淡相宜中透出山中高士的晶莹；有的似西方油画，在浓墨重彩的斑斓中炫出红尘世界的众生相；也有的似遗忘在历史风尘中的黑白胶片，默默柔情，浸润心灵。

语言之美，是为大美。它引得无数文人在语言运用上竞奇斗胜。如耳熟能详的"春风又绿江南岸"，这个"绿"字曾为"入""过""到""满"等，作者几经取舍，方确定"绿"字最美。又如"鸟宿池边树，僧敲月下门"之"推""敲"的考量，无不证明成熟的文学作品，其语言文字皆经作者巧思，透着大美。读者要学会用心去细细咀嚼，感悟这一份美丽。

---

① 季羡林.谈写作［M］.北京：当代中国出版社，2007.

② 老舍.出口成章［M］.沈阳：辽宁人民出版社，2011.

（3）读时有思，摘抄享美

只读不思、不写，会让"读"收效甚微。笔者要求学生在有感之处做批注，摘抄美文，写读书笔记，这样经历由粗读到精读再到提炼思考的过程，使学生的读更有意义。当然，"读"绝不是割裂于"说""写"之外的单独存在，还要以"读"促"写"，"读""写"结合。

（4）分享体验，交流提高

教师要搭建交流展示的平台，选择写得好的读书笔记在班级内交流，还可成立"优秀读书笔记"编辑委员会，遴选学生的作品，编成"选集"，全班收藏。对一些有独到见地的优秀作品，则推荐到相关报刊发表。先"读"后"写"，边"读"边"写"的过程，让学生爱上了阅读和写作。很多学生读书之后，有所感悟，就会产生一种如鲠在喉、不吐不快之感。分享"读"的感悟激发了"写"的冲动，而"写"又会提升"读"的质量。

三、写

心有所感，发之成文，将彼时的心灵触动用美丽的文字记录下来，绝对是人生中最浪漫的事。在"说""读"的基础上，教师要帮助学生，将之化为文字，并引导他们以严谨的思维去评析现象，辩证说理。

1. 在淬炼文意中探思维聚变之新

无论是近年高考的新命题作文，抑或新材料作文，在写作前，学生都会面临一个选取议论角度、确定议论观点的问题。这也是众多考生为之苦恼的问题。如何破解之？《荀子·劝学》曰："思索经通之"；鲁迅谓："静观默察，烂熟于心，然后凝神结想，一挥而就"[1]。可见，作文时淬炼文意，探索思维聚变之新，方可使文章具有独到之处和最佳境界。

（1）索意

所谓索意，就是对新命题作文抑或新材料作文进行由表及里、由外及内、层层深入的思索、挖掘，从题目、材料到现实生活，求索其与时代价值观的"连接点"，从而立意。

以2014年某市高考语文二模作文题为例，来看索意的重要性。

---

[1] 鲁迅：《且介亭杂文末编·〈出关〉的"关"》。

阅读下面的材料，根据要求写文章。（60分）

有个四五岁男孩，平时总爱反着穿袜子，父亲有时帮他把袜子好好地穿上，他还要自己脱下来，再翻个面穿上去。有一次父亲生气地问他："你为什么总要反着穿呢？线头露在外面，多难看！"没想到他竟理直气壮地说："袜子是我在穿，不是穿给别人看的，线头在里面，会使我的脚不舒服，我当然要把袜子翻过来！"

上面的材料引发了你怎样的思考？请结合自己的体验与感悟，写一篇文章。

要求：①自选角度，自拟题目，自定文体。

②不少于800字。

③不得套作，不得抄袭。

笔者引导学生找出相关角度涉及的中心句、关键词。在索意的过程中，学生的思路厘清了：写作要求明确规定，可以从材料中自选角度立意，因而可从男孩的角度切入，也可从父亲的角度切入，还可综合男孩及父亲的观点立意。对人物观点可以赞成，也可以反对，言之有理即可。

索意过后，是否就可以写出一篇令人满意的考场作文了呢？还需比较，比较其是否独到？是否最佳？进而找出更佳的角度。而这正是由"索意"到"炼意"的过程。

（2）炼意

炼意是从作文题目的众多角度中进行去伪存真、去粗取精的过程。立意要收到以小见大、深刻独到的效果，就要善于"抽一根丝，取一瓢饮"，在多向辐射中聚焦一点来深入阐发。如何才能从模糊、芜杂、多侧面的立意角度中提炼出最有价值的核心，又是自己最可能写好的立意呢？立意时通常既要"口子小"，又要得"己之心"，应心之手，如此方可挥洒自如，这是高考作文成功的关键。

依然以上面2014年某市二模材料作文为例。在索意中不难发现，这则材料可以有三个立意角度：儿子的、父亲的及综合父子的观点。

那么，哪个角度更接近学生的生活体验呢？显而易见，儿子的角度更契合学生的心理特点。综观材料，亦可见从儿子的角度立意，方是高明之举。由此，可挖掘最能代表这则材料思想价值的关键句："袜子是我在穿，不是穿给别人看的，线头在里面，会使我的脚不舒服，我当然要把袜子翻过来！"于是学生们就有了这样一些立意：

做孤独中的行者（蔡晓微）

面子与里子（曾欣）

冷暖自知（雷诗晗）

反弹琵琶又何妨（黄语钦）

智慧在孤独中生根（翁俊佳）

我为自己代言（谢丹琪）

······

（3）反意

反意，即反其意而思之，是换个角度思考之意。写作文立意时如顺着作文题目思考，则角度很难出新意，此时换个角度思索，也许能得到令人怦然心动的立意。教师要指导学生学会从惯性思维认为正确的结论中发现悖理的一面，或从普遍认为错误的问题中找到合理的部分，并加以提炼发挥，这样便会获得新意。见人之未见，发人之未发，便会收获创新的惊喜，一如学生的作文立意"反弹琵琶又何妨"。

2. 在运词叙议中悟要素融合之妙

（1）议论中如何叙例

① 材料中如何选例。学生写议论文，最常见的问题之一是不知怎样选例，更不知如何叙例。在选例时，存在不恰当、不典型、不新颖三个普遍问题。

如以"挫折"为论题的学生习作：

汉代史学家司马迁为了写一部史书，从小研读库存史书，在不幸遭受宫刑之后，他并没有因为世人的白眼与唾弃而选择放弃，更加潜心钻研经史。他终于写出了被后世誉为"史家之绝唱，无韵之离骚"的《史记》，成为厚实宝贵的文化遗产，千古流传。

这篇习作使用的事例老旧、不新颖，也不够恰当。在叙的过程中，与观点联结不紧。

那么，怎样才能从繁杂的"素材库"中遴选出恰当的素材呢？这就需要引导学生在日常写作中，勇于规避众人用熟用烂的老材料，而尽量选用鲜活的素材。

当然，如果用的是老材料，若能用得恰当、议得到位，亦不失为佳作。

如2012年某市一模作文《心要在焉》，就有学生用老材料翻唱新曲：

心要在焉，才能修身。一代隐士陶渊明，视官场如一阵风，视权贵如一场雨。风过无痕，雨过天晴，这些都不是他的追求。他所向往的是塑造一个高尚的自我。

为了这个目标，他心在修身，不停不弃。从"带月荷锄归"到"采菊东篱下"，他追求的是自身的修炼；从"饮酒乐甚"到梦中桃花源，他追求的是自身的释然。

他一心一意，归于田园，终修为一代名士。这历史的印迹，告诉我们：心要在焉，才能修身。

在材料中选例，要注意三原则。

第一，要准确，忌虚假。作为论据，叙论一定要准确，不可胡编乱造，不合情理。

第二，要典型，忌随意。可证明观点的叙例很多，但怎样用，用哪个更典型，更能证明观点，还需细细考量。写作文时，面对充盈的素材库，要学会取舍，选取典型，不可过于随意。更重要的是关注社会、关注生活，从现实生活中获取鲜活、生动而典型的材料。

第三，要新鲜，忌俗套。高考作文阅卷本就是繁复的工作。一篇又一篇文字相似、叙例相同、立意平庸的作文，会让阅卷人陷入思维疲劳，此时一篇新颖悦目的作文无疑是一缕清风，能舒阅卷人紧皱的眉头，给人愉悦，为己增分。因此，选材要新鲜，忌俗套。当然，一味追求新鲜而不考虑材料与观点的连接性，更是大忌。所以要力争在准确、典型的叙例中出新。

② 叙例中精确定向。议论文中的叙是用来证明观点、提供论据的。所以，一定要注意材料的简明、概括，更应紧扣论点。关键是把握议论文叙例运用的两个原则。

第一，叙例的指向性。议论文中的叙，必须牢牢抓住跟论点有直接关系的内容加以必要的复述。一般来说，做论据的材料都不适宜采用描写的方法复述，而应该是简明扼要的叙述，即根据支撑（证明）论点的需要，做剪裁取舍。特别要警惕叙例偏离议论的方向性，如此叙与议则脱节，各敲各的锣，不着边际，失去了材料为论点服务的效力。

第二，叙例的典型性。"兵不在多，独选其能"，同理，用于证明论点的材料还应具备典型性，能够恰切地证明论点。当然，在叙例中，通常要注意一料一议，或争取角度转换，一料多用。

依然以2014年某市二模学生习作片段为例。

聚美优品的董事长陈欧说过：“梦想是注定孤独的旅程，路上少不了质疑和嘲笑，但那又怎样？哪怕遍体鳞伤，也要活得漂亮。”是的，无论实现梦想有多艰苦，我们依旧选择自己的方向一直在努力着，然而，我们一路前行的力量源于我们选择成为适合的自己，无怨无悔，一路奔跑！（选自《做适合的自己》）

该片段所引陈欧之言与作者的行文观点高度契合，具备典型性。

③ 叙例时贵在概括。议论文中的叙并非旨在生动、鲜活，只要事例典型，能支撑论点就行，因此记叙贵在简洁、概括、明了。要让学生明白：议论文中的叙例，宁用100字写三个材料，决不用300字写一个材料。

（2）得叙议融合之妙

学生写议论文时，最常见的问题是“例而不议”，即观点加事例，中间缺少分析议论。教师可结合学生作文讲评，列举其作文片段，在互评、修改中指导他们在观点与事例之间进行求因分析、本质分析、假设分析等，让学生做到紧扣论点理性分析所举事例，使蕴含的事理与论点丝丝相扣，水乳相融。可以指导学生从片段写作入手，进一步提升其概括论据、提炼论点的能力，使其体悟叙议融合之妙。

① 多例归同。为了增加作文论证的深度及论证的丰富性，常常可以在论证中使用多个事例，通过抽丝剥茧，寻找相同的价值指向，多角度证明相同论点，在扇面辐射中形成略例排比，强化论证气势。这就要求学生在引用事例时，学会例后比较，找出异同，揭示内涵；或以所叙事例与现实生活中的某些现象进行比较，凸显写作目的。

如学生作文片段：

左思为写《三都赋》闭门谢客，数载耕耘。三九严冬，笔耕不辍；三伏酷暑，意兴犹酣。多少白日，三餐忘食；多少夜晚，独对孤灯。“衣带渐宽终不悔”的执着，换来了丰硕的成果，《三都赋》轰动全城，一时洛阳纸贵。英国物理学家法拉第，为了揭示电和磁的奥秘，整整奋斗了10年，10年中，他不懈地努力，却不断地失败；不断地失败，却又不懈地努力。10年之后，他成为揭示电磁奥秘的第一人。

左思和法拉第，不同时代，不同国籍，不同的研究领域，而他们成功的道路却是相同的——付出，无悔的付出。付出心血和汗水，付出精力和智慧。

上述片段的"多例归同"，使叙例和观点高度吻合。

② 一例多证。众所周知，同一个事例可以证明若干道理，如"滴水穿石"，可以说明勤奋的道理，也可以说明持恒的道理，还可以说明专一的道理，可见在讲述"滴水穿石"时，就应该根据所要说明的道理而有所侧重。所引事例要支撑中心论点，除必要的交代外，删去与此无关或关系不密切的内容，把事例典型化。

3. 在篇章收缩中享思维缜密之美

不会为段落收笔和为文章结尾，也是高中生在议论文写作中常见的弊病。随意收尾，使得论据和观点脱节，思维涣散，主题不鲜明。为此，教师应指导学生写好作文结尾，让学生在篇章收缩中享思维缜密之美。

常见的优秀作文结尾有以下三种。

（1）直接呼告，观点鲜明

呼告类结尾，具有极强的鼓动性，作者观点鲜明，立场坚定，不失为有力度的结尾策略。

不要在意世俗的眼光，活出自己，一起高呼，反弹琵琶又何妨！（黄语钦《反弹琵琶又何妨》）

让我们重新唤醒沉睡于心底的梦吧！让我们昂首挺胸，牵引着梦走遍人生吧！总有一天，梦，会化为苏醒的蝶，栖息在我们的肩头，同我们一齐笑看人间。（白玉骐《梦总会实现》）

（2）首尾呼应，循环咏唱

以首尾呼应，循环咏唱的收缩法结尾，使行文结构紧密，思路清晰，不失为聪明之举。

如2009年某市一模考场作文《用宽容冲淡嫉妒那杯酒》。

首段：

嫉妒是一杯令人糊涂、迷失的毒酒，饮多了，最终会将你的青春、生命一同吞噬；不如用宽容冲淡这杯毒酒，浅浅吟，低低喝，浏览窗前明媚风景吧！

结尾：

不要醉在了嫉妒那杯酒里。来一点宽容吧！用宽容冲淡那杯嫉妒的酒，

让阳光温暖心房，让馥郁花香萦绕鼻翼，拿着宽容这杯酒，浅浅吟，低低喝，观看阴晴雨雪。

（3）言近旨远，含蓄之美

美国小说《飘》的经典结尾：明天又是新的一天……让读者不禁为主人公斯佳丽和瑞特续写着各种版本的结局，一个含蓄而又留下无限想象空间的结尾，给读者的赏鉴带来了无数种可能。

在有限的高考800字作文中，如能以启发性、含蓄性之语收缩，则会留下巨大的审美想象的空间。

如学生习作：

席慕蓉说："生命是一条河。"而我们，在河的两岸不停地追赶，追赶着……（廖芳玖《爱你，就要追你》结尾段落）

做自己孤独中的行者，在孤独中到达胜利的彼岸……（翁俊佳《智慧在孤独中生根》结尾段落）

4. 在谋篇布局中现体制格调之雅

评价议论文，教师都会强调"入格"。所谓"入格"，即文章写作有格调、有体制，谋篇布局有章法。为此，教师在议论文写作指导中，应依据规律引导学生把握简明易懂又易操作的结构模式，如分论点列述式等。

习作议论文和文学创作不同。文学家的作品可以让读者在文字铺展中享受一个又一个美丽的惊喜，在文字搭设的情境中越品越有味道。大师们留下的杰作，更是让后人百看而不厌，千读而有得。但行文仅800字的议论文，其观点就不能如雾里看花，让阅卷教师费心寻找。用茶和酒作喻，高考议论文如入喉即辣的烈酒，宜观点鲜明，开门见山，而如果用品茶的细功夫，也许并不适合。

学生写议论文应先学会"入格"：开头简洁，开门见山；行文中的事例处理有详有略，有比较，有分析，有例后假设，有正反对比，有略例排比……在短短的文字中，既有点的深入，又有面的铺排；结尾则应有力，或呼告，或回应，或点题，或意韵悠长。当然，重剑无锋，大巧若拙，当学生掌握了议论文写作的基本技巧，知道在行文中如何灵活运用边叙边议、例后评论、例后比较、例后假设、略例排比等各类手法后，就可以在作文中融合无痕，若浑然天成了。

总之，高中生议论文写作仿佛雾里看花，但拨开迷雾，掌握方法，就会发现，高考议论文不难。教师在日常教学中一定要重视作文课中对学生思维的训练，以议论文写作训练为主线，贯穿说、读、写三个训练点，"说"中有"读"，"读"以促"说"，"说""写"结合，"读""写"并进，形成一个完整的教学流程，引领学生窥见议论文写作之门径。让学生在学习过程中不怕写作，掌握议论文写作的奥秘，并在成功写作的体验中，激发写作兴趣，提升写作热情，最终爱上写作。

这时，师生都会欣喜地说：写作文，原来是件快乐的事！

第二章 教学方法

"点拨"，学生思维发展的"点金术"

——课堂阅读教学情境中的"点拨"技巧例谈

深圳市盐港中学　陈梦心

叶圣陶老先生说："教师之教，不在于全盘讲授，而在于相机诱导。"所说"相机诱导"，也就是在课堂阅读教学中进行的适时"点拨"。所谓"点"，就是指点、点醒，"点破窗户纸"，针对课堂阅读教学中学生出现的难点、疑点和盲点，用生动、简明的语言给学生以提醒与启发；所谓"拨"，就是"拨云见天日"，对学生在阅读学习中出现的迷茫、疑惑与障碍，用带有一定技巧的方式使他们茅塞顿开，恍然大悟，顺畅思维，发展智能。教学情境中教师对学生的"点拨"被喻为培养学生创新思维和能力，使他们获得正确学习方法的"点金术"，因此，它既是一种方法，更是一门艺术。

多年来，对教学情境中教师如何进行"点拨"的问题，许多语文教育大家进行了从理论到实践的系统研究，许多语文教师也为我们提供了许多宝贵的实践经验，值得我们很好地学习借鉴。本文拟就一些课堂教学实例，对课堂阅读教学情境中的"点拨"做一点粗浅的探索。

一、对学生知识上的"盲点"，教师要"直点"

例1.《孔雀东南飞》教学片段

师：不少同学在预习时就提到这样一个问题：儿子是如此听话，媳妇是如此优秀，他们的夫妻又是如此恩爱，焦母为何要无事生非，棒打鸳鸯，强行拆散他们呢？

生1：因为刘兰芝太优秀了，焦母嫉妒了，加上刘兰芝太软弱，过于听话，焦母认为她好欺负。

生2：我看过《礼记》，有这么一句话："子甚宜其妻，父母不说，出。"据此，我认为是刘、焦的感情太深了，两人经常卿卿我我。眼看着自己辛辛苦苦一手带大的儿子被别的女人夺走了，自己却被冷落在一旁，焦母吃醋了。（全班大笑）

师：有道理。据说现实生活中还真有这样的事情发生呢！好，大家继续谈。

生3：刘兰芝好像没生孩子。古语说：不孝有三，无后为大。焦母嫌弃刘兰芝，是不是因为她没有生育儿子？

（至此，对于焦母迫害刘兰芝的原因，同学们议论纷纷，莫衷一是）

师：刚才有位同学引用了《礼记》中的一句话来分析，在此我也想向大家提供《礼记》中的另条记载，看看对大家是否有帮助。这条记载是："妇有七去：不顺父母去，无子去，淫去，妒去，有恶疾去，多言去，窃盗去。"

生2：我认为最主要的原因是，刘兰芝在家里的表现触犯了封建礼教，触怒了焦母。你看，在焦母的眼里，刘兰芝是"举动自专由"，她认为"此妇无礼节"，作为封建家长和封建礼教代表的焦母当然会"吾意久怀忿"了。可以说，焦母正是凭借"七去"中的第一条来迫害刘兰芝的。从这个意义上说，刘、焦其实就是封建制度和封建礼教的牺牲品。（学生纷纷鼓掌表示赞同）

由于学生的阅读面有限，在课堂对话中，常常不可避免地出现知识上的盲点，或者蒙昧所知，或者对相关知识遗忘，教师应该适时进行直截了当的点拨，使其越过障碍，实现知识上的跨越。

二、对学生认知上的"迷点"，教师要"曲点"

例2.《鸿门宴》教学片段

师：真奇怪，项羽正在气头上，一心要灭了刘邦。项伯的话如何就能使项羽改变了主意呢？

生1：因为项伯讲得有道理。

（看来学生对这个问题的认知有偏差，不够清楚，教师的点拨就要采取迂回曲折的诱导方法，引导学生曲径通幽，达到认知的彼岸）

师：有道理就一定能使一个正在气头上的人改变主意吗？

请同学们再来看项伯的话，"沛公不先破关中，公岂敢入乎？今人有大功而击之，不义也。不如因善遇之。"什么意思？打个比方，你和某位同学代表班级参加竞赛，你们得了冠军，可是一向要强的你没有考过那位同学。这时，有人来劝你说，你的智商本来就不如别人，要不是他考了第一，你怎么能戴上冠军的奖牌呢？你应该谢谢人家呢。这样的劝说你会接受吗？

（学生感觉老师说得有道理，于是相互讨论起来，并看书寻找答案）

学生找到刘邦的话："吾入关，秋毫不敢有所近，籍吏民，封府库，而待将军。所以遣将守关者，备他盗之出入与非常也。日夜望将军至，岂敢反乎！愿伯具言臣之不敢倍德也。"以及项伯"具以沛公言报项王"，得出结论。

生2：刘邦的这番软话满足了项羽自高自大的虚荣心，就像刚才老师所举的那个例子，如果有同学说："某某同学说了，他这次考得好只是一个意外，他最清楚自己的成绩远不如你。"你还会生气吗？再者，项羽这次兴兵伐罪，本来就师出无名，现在正好找一个台阶下。

师：项羽本来要杀刘邦，秣马厉兵，杀气腾腾，一场大战一触即发。可是听了刘邦托项伯传来的软话，听了项伯"今人有大功而击之，不义也"的批评，竟然改变了主意，答应"善遇"刘邦，紧张的临战气氛便开始缓和。"鸿门宴"也就是在这样的气氛中拉开了序幕。

在阅读教学的课堂上，如果学生在讨论中、在认知上出现迷茫的现象，认识有偏差，就应该采取旁敲侧击的暗示，或迂回曲折的引导，或勾连与之有联系的相似点、相关点等，提供思维方向与方法，使之受到启发，收获真理，而不是直接点明应怎样思考。

三、对学生思维上的"阻点"，教师要"巧点"

所谓"阻点"，是指学生在阅读新的文本时，新课中的难点往往会使学生的思维受阻，或者受思维定式的干扰而使思维难以超越。所谓"巧点"，就是要艺术化地巧妙点拨，一是化繁为简、化难为易，把一个难题适当地分为体现层次性和诱导性的若干题目；或者从不同的角度、方向指导思维路径，铺设必要的"阶梯"，引导学生冲破原有思维方式的束缚，实现新的跨越。

例3.《过秦论》教学片段

师：今天，我们来探究一下秦王朝迅速灭亡的原因。你们说是为什么呢？

生：仁义不施，攻守之势异也。

[贾谊毕竟是两千多年前的儒家学派的知识分子，他的"仁义不施"的错误结论是由于历史和个人的认识局限所致。他能够在两千多年前向当时的汉王朝提出"仁政爱民"的政治措施，已经是十分难能可贵的了。但是，在两千多年之后的今天，我们应该"劝君莫奏前朝曲，听唱新翻杨柳枝"（刘禹锡）。如果仍然重弹古人的旧调，那不仅是十分遗憾而又十分悲哀的，更重要的是失去了培养学生学习批判地阅读历史著作和创新思维的机会；受思维定式的束缚，要学生从文本的结论中跳出来，难度很大，所以老师要"巧点"]

教师先分析阐述了"攻守之势异也"的含义，然后指出：

两千多年来，人们一提到"秦"，前面总要加一"暴"字，"残暴"几乎成了秦朝的代名词。那么，请同学们想一想，哪一个王朝不残暴呢？

同学们对这个问题很感兴趣，课堂讨论十分热烈。在5分钟的讨论中，同学们列举了很多王朝和著名帝王，列举多的有汉武帝、唐太宗、宋仁宗、清康熙和乾隆等，但每提一个帝王，都遭到另一部分同学的诘责，很难取得一致意见。最终也没能举出一个"不残暴"的帝王来。末了，教师做了这样的小结。

师：封建统治是专制统治，专制统治者的最高目的是巩固他自己和家族的特权，因此，对于一切可能妨碍帝王特权的言论和行为，即使是父子兄弟，也必然会遭到严酷的镇压和无情的杀戮。所以，封建帝王的残暴乃是专制体制的必然产物。

师：读课文，找出作者对六国旧贵族（以四君子为代表）的评价。

生：战国四君子是"明智而忠信，宽厚而爱人，尊贤而重士"。

生：战国四君子是讲"仁义"的。

师：按照作者的观点，秦王朝不施"仁义"而亡国；反之，实施"仁义"的就不亡国，但是，为什么"四君子"施仁义却亡国了呢？

学生们对此感到困惑，教师把握这个"困惑"进行适当的引导。经过思考，学生认为：

生：秦国"仁义不施"而亡了国，六国实施"仁义"也亡了国，说明国家存亡，与"仁义"并没有必然的联系。

生：那么秦国的灭亡并不是"仁义不施"的结果。

师：那么我们进一步来探究秦亡的原因。读课文，联系课外阅读，列举出秦王朝的"暴政"来。

这个话题十分吸引人，同学们纷纷举手，甲说"废先王之道"；乙说"焚百家之言"；丙说隳名城，杀豪杰；收天下之兵；还有的同学补充了课外资料，主要有修筑万里长城、兴建阿房宫等。

师：分析上述"暴政"，指出哪一条是秦王朝灭亡的真正原因。

这个问题是课文的重点，也是难点所在。教师先对上述"暴政"做了简要分析。

"废先王之道"，指秦废除周朝的领主分封制而实行中央集权制；"焚百家之言"，主要是民间流传的儒家经典。其实真正焚书烧绝迹的罪魁是项羽！火烧咸阳，大火三月不息，文化典籍付之一炬；关于"修筑万里长城"，其实，秦主要是把燕、赵、秦三国原有的长城连接起来。

于是，同学们的讨论又一次热烈起来。

甲：是"焚百家之言"。

乙反驳说：真正焚书的是项羽；而且，后来的帝王也有焚书的，为什么没灭亡！丙认为是"大兴土木，建阿房宫"；丁反对说：历朝历代都在建立王朝之初兴建宫室，不单秦朝如此；甲又说，应该是"废先王之道"，但也遭到了对方的反驳。不过双方都讲不出多少道理来，讨论陷入了僵局。

教师抓住这个机会，在屏幕上展示一则资料：

秦立国之初，始皇革除了领主分封制而实施中央集权的郡县制。这一政策浇灭了新兴贵族封王立侯的美梦，引起了他们的强烈不满。权贵们纷纷找老丞相王绾，为了敦促秦王恢复分封制，王绾煞费苦心地带着秦始皇的两个皇子上殿，历数皇子的功绩，要求给皇子加封。始皇洞察其奸，识破了他们借分封皇子而倒退复辟的阴谋，坚决地予以严词批驳。

读了这则材料，同学们深受感触，经过一番讨论与探究，同学们认识到，秦王朝的迅速灭亡，并不是、起码不仅仅是贾谊所说的"仁义不施"，而是因为秦的"废先王之道"这一超前的革新举措，是新老反革命联合起来共同扼杀新生政权的结果。

四、对学生表达中的"晦点"，教师要"助点"

由于表述水平有限，学生在课堂阅读对话中常常会有词不达意，晦涩不清，或一时难以找到恰当的词语来表述，导致"水壶装饺子倒不出来"的情景，就是所谓的表达的"晦点"；这时，教师就应帮助或纠正性地予以点拨，帮助其越过语言障碍，达到规范性的表达，从而得到准确的答案。

例4.《蜀道难》教学片段

（教师配乐朗诵—学生放声自由朗诵）

师：好的，同学们，通过听读和诵读，你初步感知到这首诗的风格是怎样的？

生：这首诗的风格十分雄伟。

师：雄伟应该是表现景物的特点。风格？

生：风格十分豪迈。豪迈的，豪放的。

师：还有吗？

生：富有气势的。

师：富有气势，应该是比较雄浑的，是吧？好，请坐。感知比较准确。雄浑、豪放正是这首诗歌的主体风格。（多媒体展示：雄浑、豪放）所谓"雄浑"，有空间感、立体感；所谓"豪放"，是指感情的奔放。应该说诗歌的风格体现在其主旋律上，那同学们来看，反复出现在这首诗歌当中的是哪句话？

……

"点拨"作为课堂教学的一门艺术，其内涵是博大精深的，何止上述这几点。在课堂上，教师一个形象生动的动作和手势、一个内涵丰富的眼神、一个一切都在不言中的表情，都在调控着课堂教学的流程，都在点拨着学生的思维，真是妙不可言！

但是，在各种教学点拨方法的运用中，还是要强调注意以下问题。

（1）点拨要精要、适当和适度。即课堂上坚守以学生的活动为主的原则，教师的点拨要"朝着促使学生举一反三这一目标精要地讲"（叶圣陶语），"教师只要在估计学生有困难的地方，指点一下就行了"（吕叔湘语），避免点而不到、会而不发，点之过度又越俎代庖，始终充分发挥学生的主体作用；点拨语言应简练，言简意赅，准确表达。

（2）点拨要找准节点，顺势而发。孔子曰："不愤不启，不悱不发。"这句话可以说明点拨所应掌握的时机。所以，教师要有敏锐的洞察力、快捷的反应力，不失"战机"地进行点拨，恰逢其时，尺水兴波；或抛砖引玉，投石问路；或顺势拓展，推波助澜，真正发挥点拨之"点石成金"的作用。

　　"点拨"是一门有关教学艺术的学问，更是语文教师从事教学的一项基本功。在课堂教学中，教师应充分发挥自身的聪明才智，不懈地努力，不断地探索，在运用点拨方法上不断有所创新，从而十分成功地调控和驾驭课堂，使学生们真正成为课堂的主人，这真是一件功德无量的美事！

春天不做秋天的事

深圳市盐港中学　陈梦心

文学类文本是以艺术形式表达丰富精神价值并可以引起我们同感的艺术品，为我们阅读教学中进行美好情感和道德信念陶冶提供了很好的环境与契机。黑格尔说："感动就是情感的共鸣。"因此在阅读中，我们应善于引导学生感受其中的喜怒哀乐，在从整体形象到具体内容的赏析中拨动学生的心弦，使他们同文本中的人物和事件发生强烈的情感共鸣，从而使情感受到感染，精神得到净化，心灵得到愉悦，品质得到升华。

刘心武的《等待散场》（粤教版）以"我"的见闻为线索，描写了在剧场内外的姑娘和小伙子等待散场的微妙心理，表现了两人至纯至真的美好爱情。小说短小精悍，情节曲折，形象鲜明，主旨深刻。在写作技巧方面，善于化平淡为神奇，巧设悬念是该文最大的特色。教学这篇短篇小说时，笔者除把赏析微型小说的创作技巧作为重要教学目标外，更重要的是把引领学生走进男女主人公的内心世界，感受他们默默为对方付出而无怨无悔的高尚美好爱情，使其得到情感激励，实现对学生建立高尚美好爱情观的诱导作为重点。

为此，在阅读教学中，我们一起从对话中厘清了小说线索，赏析了悬念的设置，以及三次误会的妙用，接着采用了比较教学法，从人物形象分析和人物美好情感感知入手，把阅读审美活动向前推进一步。

笔者在课堂上链接了课外同题的一篇小说。

老赵在戏院外等了近一个小时，早已不耐烦了：你倒好，在里面快活舒服，也不想想我在外面淋着雨站得两腿发软！什么婆娘！一点不懂得体谅人！想到这里，心里窝着的一股火蹿得更高。

剧场里，赵太太只觉这场戏索然无味，早点出去吧，转念一想：还是先不出去，让老赵在外面再等等，看他有没有这个耐性。他要真爱我，就能等。我要看看他在外面做些什么，如果居然很不耐烦，哼，有他好瞧的！想着，她离开座位，来到长廊上，向外张望。

让学生对两篇小说中的男女主人公，分别从表现、心理和情感三个方面进行比较。学生讨论热烈，在发言中，都表达了对小伙子和妙龄女郎纯洁美好爱情的赞美，流露出对这种人性中的真、善、美的向往。为强化这种陶冶情感的效果，笔者让学生齐读"沉浸在永恒的旋律中"的一段描写；接着以饱满的激情，配乐朗诵了一篇网络美文。

爱是一场等待

这样的等待，即便是长长的一生。然后成了守望的崖石。

你说：也值！

偶尔有风吹过的时候，看得见岁月留下的成长的痕。

如今，你已不是男孩……

孤寂凄清的小窗前，思念的影子拉得很长很长。不变的是那颗等待的心。温暖的晶莹。

像所有的不属于浪漫的人，只是恬淡地、宁静地关注着她的点点滴滴。

"如果哪一天，等到了，就拥有了幸福，就能在一起，一天、一年、生生世世、海枯石烂。"你灿然！

其实，等待的爱情，过程和结果，早就是至真至幻的浪漫。

佛曰：念之如海深。

学生们明显被感染了，笔者的朗读刚一停，就响起了非常热烈的掌声。接着，笔者非常庄重地说：爱情是人类永恒的话题，它是美好的、崇高的，它属于在座的每个同学；但爱需要等待。等待，是一种明智，是一种成熟！所以，老师今天要叮嘱同学们一句话：春天不做秋天的事！

话音一落，教室里又响起了一阵不少于10秒的掌声。从同学们的掌声和眼神里，笔者能感受到同学们精神上的愉悦、情感上的激励和心智上的陶冶。

一点心得：教师与学生都是活生生的人，都有着丰富多彩的智慧活动、精神活动和情感活动。因此，在语文阅读教学的过程中，教师就应依托文本，把自己的德、才、情、意融入自己所创造的教学中去，使学生在赏心悦目的教学活动中，实现知识和能力的认知与发展，促进精神与道德的完善。

整本书阅读的任务设计之"三横四纵"

——以《红楼梦》为例

深圳市盐港中学　林　慧

整本书阅读的概念在2017年版《普通高中语文课程标准》中被正式提出来，作为学习任务群的一项重要内容："旨在引导学生通过阅读整本书，拓展阅读视野，建构阅读整本书的经验，形成自己的读书方法，提升阅读鉴赏能力，养成良好的阅读习惯，促进学生对中国优秀传统文化、革命文化、社会主义先进文化的深入学习和思考，形成正确的世界观、人生观和价值观。"简言之，就是通过阅读一册完整的书籍，来达到对学生综合能力的培养、思想观念的教育。

由于《普通高中语文课程标准（2017年版，2020年修订）》对这一任务群的要求对和整本书阅读概念的深入理解，整本书阅读教学必不能以教师的"独角戏"替代学生的"舞台梦"，不能以课堂的选读代替课后的深读。那么，如何才能做好有助于学生思维发展的整本书阅读教学呢？笔者的实践表明，最佳的做法是"三横四纵"的任务设计。

一、何为"三横四纵"

所谓"三横四纵"，是对整本书阅读任务布置的一个概括说法。

"三横"是指每个单元阅读活动过程中前、中、后的任务设计。

"四纵"是指贯穿在每个单元活动中的四种任务形式，分别是读、品、写、思。

"读"与"品"主要指接受文本，"写"旨在让学生将对文本的理解展示出来，进行交流，从而深化他们的理解，并锻炼他们的思维能力与表达能力。

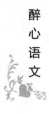

"思"是引导学生逐步养成读书思考、质疑的良好习惯。

因此，"读、品、写、思"是一个从指导学生阅读到激发学生深度思考的过程（见图1）。

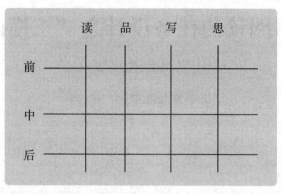

图1

高中生在初中阶段就有过阅读古典长篇小说的经验，但《红楼梦》较之于《水浒传》《西游记》等不同。《红楼梦》描绘了上至皇宫、下及乡村的广阔历史画面，教师不可能对学生阅读的每一步都做详细的要求，但可通过设计"舞台"使其思维的交汇处有所展现，用引导和陪伴的方式循循善诱。因此，"三横四纵"的整本书阅读方法能引导学生读细、读深。

其一，激发学生阅读经典的兴趣。"知之者不如好之者，好之者不如乐之者"，激发学生阅读经典名著的兴趣，是语文教学的重中之重，是"终身学习"的重要能力之一。从学生的知识结构和兴趣出发，关联经典著作与现实生活，运用文本的"召唤结构"来设置悬念、制造讨论话题，为学生的阅读提供动力，将学生与《红楼梦》"黏"在一起。

其二，培养学生阅读经典的韧性。高中生正值青春期，易浮躁，阅读时需要对他们进行长久、持续的督促和鼓励。针对培养学生阅读经典的韧性，教师在任务布置过程中要不断纠正学生不良的阅读习惯，启发学生的阅读思维，引导学生的阅读方向，让学生真正体验到"开卷有益"。

其三，引导学生自主思考。阅读是接受的过程，当学生真正进入文本后，自然会对诸如《红楼梦》这样的经典作品有思考。此时，通过各种形式的表达途径，如设定一个角色进行"同人文"创作、选择一个片段进行话剧排演、选定一个话题进行讨论（如林黛玉的结局应当如何）等，便可让学生在表达运用中对作品有更深入的理解。

二、如何实践"三横四纵"

《红楼梦》的整本书阅读通过"三横四纵"的任务设计，从任务布置入手，指导学生自主阅读。主要有以下"纵横交错"四阶段（见图2）。

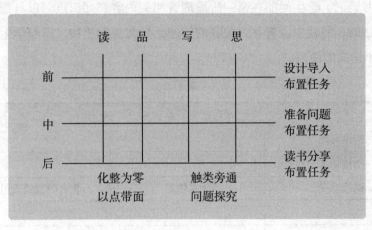

图2

第一阶段：化整为零，以点带面

为了让学生保持长久阅读的兴趣，教师应先收集整本书阅读的研究资料，做好学生在《红楼梦》阅读中的常见问题和现状调查工作，统计数据，做好案例分析及追踪，逐步让学生感受到《红楼梦》阅读的快乐。根据调查情况，教师将为每个单元设计相关的导入。这一步是教师在学生阅读前所进行的任务设计，是"三横四纵"中的第一"横"，为前期准备阶段。

第一"横"阶段，基于学生阅读实情，采用"初读感知—精读感受—深读感悟—广读提升"的阅读步骤。因《红楼梦》现通行的版本是120回，教师可先以回目为单位，截取曹雪芹写的前80回，通过连环读书卡或阅读日历等方式展现。教师根据中心情节划分若干单元，围绕每个单元的核心内容进行任务布置的设计。如此化整为零，不仅有利于缓解学生阅读"大部头"书籍的畏难情绪，也便于师生合理安排阅读时间。同时，这些中心情节搭建了《红楼梦》的整体框架，能起到提纲挈领、以点带面的作用。

关于连环读书卡与阅读日历（见表1）：读书卡由小组共同完成，教师引导学生根据阅读日历完成既定回目的阅读任务，并在读书卡上写入阅读《红楼梦》过程中的存疑问题，在既定时间内讨论交流读书心得。如此一来，教师可聚焦作品中的某一点展开设计任务，如第三回"林黛玉进贾府"中，宝玉道"这个妹妹我曾见过"，联系前文的"木石前盟"，为之后的人物形象、语言魅力乃至作者的情感走向分析奠定基础；也可分析红楼中人的判词，在"梦里水香"中"寻梦品香"，细嚼判词之美。最后形成专属于本小组的读书笔记，学生便能在第一阶段理解相关内容和知识点，以点带面，进行归纳总结。阅读中设置互为关联的问题，旨在架梁建构，培养学生写作微型评价小论文的能力。

表1

《红楼梦》读书卡		
初读问题		
初读切入		
初读感受	文本依据	作者的目的或用意
有何评价		

第二阶段：触类旁通，问题探究

章回体小说的情节相对独立，但前后又有着千丝万缕的联系。《红楼梦》是网状结构，从每个中心情节出发都有无数的触须在延展。在这样复杂的关系网中，学生必然会有疑问。教师可对重点章节中的人物言行、人物命运、人物关系等进行设问点拨，设置悬念，从而吸引学生去阅读更多内容，尝试自己解决一些简单的问题。

教师在跟进学生阅读过程进行的任务布置为"三横四纵"中的第二"横"，而学生的"品"读为第二"纵"，此乃中期展开阶段。教师可根据《红楼梦》全书内容，指导学生尝试不同的阅读学习任务，如"红楼内部摆件""红楼中人""红楼美食""红楼诗词鉴赏""红楼感人情节""红楼建筑特点"等专题深度品读研究，随后以小组为单位向全班汇报。教师也可通过"以一带多"的方式让对《红楼梦》有些许研究的学生组成带读小组，学生自由组队，小组互助式学习，同伴之间研读交流的效果往往比教师一人"独角戏式"的讲授要好。

笔者曾开展了一次"穿越到红楼"的人物性格赏析会。鲁迅评《红楼梦》说："敢于如实描写，并无违饰，和从前的小说叙好人完全是好，坏人完全是坏的，大不相同。"如宝钗，虽然有满脑旧观念，但她身上的可爱之处是闪光点。细读《红楼梦》中描写某个人物的相关段落，分小组讨论人物性格的多样性和复杂性。

例1. 凤姐性格的多样性和复杂性

第六回：刘姥姥一进荣国府

这凤姑娘年纪儿虽小，行事儿比是人都大呢。如今出挑的美人儿似的，少说着只怕有一万个心眼子；再要赌口齿，十个会说的男人也说不过他呢。（有才能、心眼多、口才好）

凤姐忙说："周姐姐，快搀起来，别拜罢，请坐。我年轻，不大认得，可也不知是什么辈数，不敢称呼。"……凤姐儿笑道："亲戚们不大走动，都疏远了。知道的呢，说你们弃厌我们，不肯常来，不知道的那起小人，还只当我们眼里没人似的。朝廷还有三门子穷亲戚呢。"……因问周瑞家的："这姥姥不知可用了早饭没有？"刘姥姥忙说道："一早就往这里赶咧，那里还有吃饭的工夫咧。"凤姐听说，忙命快传饭来。（热情、和善、礼遇，善良慈爱，同情悲悯下层）

第三阶段：个性阅读，成果转化

经过一段时间的"品读"，在每个单元结束之后进行的反馈任务为"三横四纵"中的第三"横"，学生的"写"为第三"纵"，此乃后期展示阶段。"品"与"写"的目的是让学生读书不离笔，在阅读整本书时锻炼分析小说人物形象、情节、环境的能力。

在进行相关的阅读实践之后，启发学生进一步思考，则是"三横四纵"之中的第四"纵"，此乃后期思索阶段。

经过较长时间的深度阅读，这一阶段我们的任务布置重心将落在对学生思考方向的引导以及对思考深度与广度的拓展上。成果转化是基于学生在对文本进行较为详细深入的阅读与理解之后进行的个性化表达。"思"，区别于文字"写"的呈现，这一环节重在以活动的形式营造阅读经典的氛围，从书中走出来，将书带到舞台、展台，让学生亲身体验读整本书的乐趣。

第二章 教学方法

73

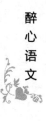

教师可灵活地进行阅读成果展示。形式可以分为两种：一种是单向的展示，如《红楼梦》人物关系表绘制赛、"舌尖上的红楼珍馐"、个性解读红楼讲坛、片段戏剧排演、《红楼梦》诗歌情景朗诵、"我最喜欢的红楼中人"演讲比赛、小组读书笔记展、"我心中最喜欢的红楼人物"画展等。另一种是双向的交流，如就一个《红楼梦》话题（如钗黛之辩——"我选薛宝钗/林黛玉做朋友"等）进行辩论，《红楼梦》知识竞赛等。教师对每组学生的任务进行跟进和指导，在展示后进行点评、总结，并且要给予实质性的奖励。

笔者所在学校曾尝试根据学生特点将专业与音乐相结合，用音乐的方式打开红楼，让学生"确定《红楼梦》中你最感兴趣的人物，然后依据该人物的性格与命运，选择一首最契合的音乐，并说明理由"。先分析音乐，再分析人物形象，并努力找出二者的关联和同性。清代黄遵宪曾说："《红楼梦》乃开天辟地、从古到今第一部好小说，当与日月争光，万古不磨者。"《红楼梦》的"好"毋庸置疑，对学生而言，用贴合他们兴趣方向的形式"打开"《红楼梦》，让模糊的影子越发清晰、清澈，又何尝不好呢？

例2. 毛同学。所选音乐：《鸿影》（演奏者：变奏的梦想）

这首曲子中有琵琶、古筝和箫，琵琶的凄凄之声，古筝的流水之音，以及箫的舞潜蛟、泣嫠妇之音，奏出了一种如鲠在喉，说不出、吞不下的凄冷和悲凉。

黛玉容貌清丽，又兼有文采，同时绛珠还泪的神话赋予了黛玉迷人的气质，又定下了悲剧基调。此曲《鸿影》便能很好地表现出黛玉如孤鸿一般的孤独与悲伤。宝玉和黛玉二人虽有"木石前盟"，且青梅竹马、惺惺相惜，却终不能如愿。黛玉最后于玉钗大婚之夜泪尽而逝。一个美玉无瑕的女子，父母早逝，神思恍惚，眼中能有多少泪珠儿，怎经得秋流到冬，春流到夏！正如黛玉的自评："我只不过是一个草木之人。"是啊！黛玉就这么如草木一般，如孤鸿一般，孤独终死。所以我认为《鸿影》是林黛玉一生的写照。

例3. 吴同学。所选音乐：《沐雨花朝（花朝节主题）》（演奏者：陈致逸）

说起探春，那是我在红楼梦里最欣赏的女孩儿，没有之一。探春是庶女，虽然命运早有定数，可探春却摆脱了自己身上的桎梏，越发活成了落落大方的模样，不管到何处，她都熠熠发光。她是三春里最出类拔萃的一位，她狠心把自己从顽石慢慢磨成璞玉的样子，又恰恰让人最怜惜。

这首曲子，前奏扬琴用不同的节奏演奏主音和属音，大调的旋律让整首曲子听起来明媚。扬琴贯穿全曲，似是花瓣飘落，穿梭这花海中，却不带走一片落叶。可结尾低沉的大提琴无不在暗示着探春结局的凄凉，却又带着一些柳暗花明的契机。用西方乐器演奏的中古五声调式，使整首曲子变得柔和，也塑造了探春敢于争斗、才华横溢这一形象。

第四阶段：任务布置，搭建"舞台"

任务布置见表2。

表2

单元		前期	中期	后期	
	教师	1．设计导入，准备阅读日历。2．布置任务：完成人物关系图/行动路线图/连环读书卡	1.准备问题。2.布置任务：就某个伏笔让学生找线索/就某个人物的行为让学生分析其性格	1.组织读书分享会。2.布置任务：写一段读后感/画或者模仿一个自己心目中的人物形象；提一个相关的问题。3.对分享会进行总结，推荐相关资料	
	学生	读：通读，并标记基本信息，完成关系图/路线图/连环读书卡	品：细读，就某个伏笔找线索/揣摩某段人物对话或行为描写，对照模仿	写：1.写一段读后感/画或者模仿一个自己心目中的人物形象，并在读书分享会上进行交流。2.提一个相关的问题并在读书分享会上交流	思：整理写作中未尽的疑惑与分享会中产生的新问题，与教师讨论或者尝试阅读研究《红楼梦》的相关著作
		目标：能掌握基本信息；能注意某些细节	目标：理解作者安排情节的用意；学习作者摹写人物的高超手法	目标：能够整理自己的阅读收获，锻炼文字表达能力；能够较为清晰地表达自己的想法，培养语言表达的自信；开拓学生的思维，深入理解《红楼梦》	目标：能够多角度、多层次地理解《红楼梦》；激发博览群书的兴趣

第二章 教学方法

三、结论

进行整本书阅读，不仅有解决"阅读技巧"的问题，还有积累阅读量的问题，更隐含着对语文阅读教学甚至是整个社会阅读环境的思考。从学科方面来看，"整本书阅读"有助于养成习惯、积累方法、扩大视野、锻炼思维。从德育方面来看，"整本书阅读"的落实对审美的重铸、境界的提升有重要作用。为切实有效地提高学生的整本书阅读能力，教师可从"读、品、写、思"四个角度，分"前、中、后"三个阶段引导他们由点及面地进行阅读，欣赏小说语言的精彩之处，在读通的基础上还要达到让学生读细、读深的效果。通过"初读感知—精读感受—深读感悟—广读提升"的阅读步骤学习《红楼梦》中生动的人物描写、景物描写，理解小说内涵，对《红楼梦》的阅读达到高中阶段应有的认知。并且，要积累写作素材，锻炼阅读的技能和方法，促使学生对人生、人性、生命有所感悟。

参考文献

[1]中华人民共和国教育部.普通高中语文课程标准[S].北京：人民教育出版社，2020.

[2]曹雪芹.红楼梦[M].北京：商务印书馆，2016.

[3]黄会兴.开卷有益：整本书阅读与研讨[M].上海：上海教育出版社，2018.

[4]李功连.叶圣陶"整本书阅读"教学思想概述[J].语文建设，2017（9）.

[5]李卫东.整本书阅读教学的几种偏向[J].中学语文教学，2018（1）.

对比手法的运用浅析

——以《过秦论》和《五代史伶官传序》为例

深圳市盐港中学　马艳艳

"对比"，在《国语辞典》上的解释是："以两种不同的观念或事物，互相比较对照。如黑与白、大与小，而使其特征更加明显者。"而对比手法则是文学创作中常用的一种表现手法，是把对立的意思或事物，或把事物的两个方面放在一起做比较，让读者在比较中分清好坏、辨别是非。运用这种手法，有利于充分显示事物的矛盾，突出被表现事物的本质特征，加强文章的艺术效果和感染力。其实我们在生活中也经常被拿来对比，"别人家的孩子""别人家的老师"等都是将别人所拥有的与自己所拥有的进行对比。

一、学会鉴赏文本里的对比手法

贾谊的《过秦论》和欧阳修的《五代史伶官传序》是统编版语文选择性必修中册第三单元中的课文，也是分别探讨秦和后唐灭亡历史教训的两篇史论。为了让历史教训更加振聋发聩，两篇文章都用到了对比手法。

贾谊的《过秦论》，多次运用对比手法，主要表现在以下几个方面。

1. 秦国与九国的对比

文章的开头，从秦国的地理优势和秦孝公任用商鞅采取对内对外的措施使秦国一步步崛起开始，到惠文王、武王、昭襄王"南取汉中，西举巴、蜀，东割膏腴之地、北收要害之郡"的强大来展现秦国的创业史。然后开始大肆铺排九国的强大，先是九国采用了合纵策略缔结了盟约；接着展示了九国的文臣武将，人才济济，各有所长；最后以一句"十倍之地，百万之众"来展现九国土地宽广、军队强大。一个秦国跟强大的九国抗衡，这在力量上就是一个对比。

然而，接下来的几句从"秦人开关延敌，九国之师逡巡而不敢进"一直到"强国请服，弱国入朝"，直接体现了战争的胜负情况。这在战争结果上又是一个对比。

力量上的一强一弱，战场上的一负一胜，两相对比，就是为了衬托秦国的强大。而极写秦的实力强大，是为它最终的灭亡充分蓄势。

2. 陈涉的微小力量与终灭秦王朝的对比

文章第4段讲到陈涉的时候，也运用了多重对比，分别从才能、贤能、富有以及军队战斗力与一般人、仲尼墨翟、陶朱猗顿等进行对比，来突出陈涉地位的卑微和力量的渺小；然而，就是如此渺小的陈涉却能够达到"天下云集响应，赢粮而景从。山东豪俊遂并起而亡秦族矣"的效果。这一组组对比下来，就不得不引起人们的思考了，也暗示了陈涉能够"亡秦族"的原因。即秦王朝的一系列暴政不得民心，正如陈涉所说"今亡亦死，举大计亦死，等死，死国可乎"，那"斩木为兵，揭竿为旗，天下云集响应，赢粮而景从"就好理解了。

3. 陈涉与九国的对比

文章第5段写道："陈涉之位，非尊于齐、楚、燕、赵、韩、魏、宋、卫、中山之君也；锄耰棘矜，非铦于钩戟长铩也；谪戍之众，非抗于九国之师也；深谋远虑，行军用兵之道，非及乡时之士也。然而成败异变，功业相反，何也？试使山东之国与陈涉度长絜大，比权量力，则不可同年而语矣。"作者分别从地位、武器、兵力和战术谋略等几个方面将陈涉与九国的成败和功业进行了对比，二者是"不可同年而语矣"。

这一组组对比，结合前面的几组对比，可以看出陈涉的力量小于九国的力量，九国的力量小于秦国的力量，秦国的力量小于秦王朝的力量，而秦王朝最后却被陈涉给打败了，这到底是何故？不得不引人深思，从而引出了秦国与秦王朝的对比。

4. 秦国与秦王朝的对比

秦国"以区区之地"打败了强大的九国之师，达到"致万乘之势，序八州而朝同列""履至尊而制六合"，统一了天下，成为更加强大的秦王朝，然而过了不长时间，就被卑微渺小的陈涉带领山东豪俊给灭了。这是何缘由呢？文章第5段也说了："天下非小弱也，雍州之地，崤函之固，自若也。"

既然天下没有变小变弱，秦国的地理优势也没有变化，那是什么变化了呢？那就不得不令人思考秦国和秦王朝在政策上的不同了。

最初，秦国的秦孝公任用商鞅，"内立法度，务耕织，修守战之具，外连衡而斗诸侯"，以及惠文、武、昭襄蒙故业，因遗策。这时候还处于农业社会，而这些政策保护了农业生产，同时也积聚了实力，顺应了民心。当外敌入侵时，人民自是要奋起抗争的。这也就是秦国找到了崛起和强大之路。然而到了秦始皇时期，已经"吞二周而亡诸侯"统一天下了，可谓事业已经达到了顶峰，却不想回归到"务耕织"的农业生产，休养人民，反而从政治、军事、愚民、弱民以及防御政策上"执敲扑而鞭笞天下"。这就直接导致了秦王朝的灭亡。

将秦国和秦王朝进行对比，二者在攻和守的形势上是不一样的。秦国当时崛起，一步步发展以至到后来的统一天下，只能够采取攻势，而这在当时既是顺应了历史发展潮流，也是符合民意的；而到了秦王朝，统一了天下，该打的仗基本都结束了，人民也已经经历了春秋战国几百年的战乱，疲惫不堪，农业生产也受到了很大的冲击，这时候应该是采取守势，施行仁义，休养生息，笼络民心。而秦始皇却施行暴政，那结果就只能是"身死人手，为天下笑者"。

这一组组对比手法的运用，不仅阐明了攻和守形势上的不同，也阐明了施行仁义的重要性，这也才能在文章最后得出结论"仁义不施而攻守之势异也"。

而西汉初年的贾谊，看到西汉虽然吸取了秦亡的教训，施行了休养生息的政策，但是仍存在一些潜在的危机，如国内封建割据与中央集权的矛盾，统治阶级与人民的矛盾，民族之间的矛盾等。为了调和这一系列矛盾，他认为"君子为国，观之上古，验之当世，参之人事，察盛衰之理，审权势之宜，去就有序，变化因时，故旷日长久而社稷安矣"。既要能够劝诫君王，又要能够让君王看到秦王朝的成败得失，那就真的没有比运用一系列对比更能解决问题的了。

同样是讽谏当朝皇帝的史论文《五代史伶官传序》，则是直接将后唐庄宗得天下和失天下进行对比，以此来论证"盛衰之理，虽曰天命，岂非人事哉"的观点。

得天下之"盛"，从受遗命，矢志复仇到"系燕父子以组，函梁君臣之首"，不仅塑造出一个在国患当头、强敌环伺之际执戟敌军、横槊长空的英武庄宗形象，同时也得出"忧劳可以兴国"的结论。

失天下之"衰"，从宠伶人，"仓皇东出，士卒离散，泣下沾襟"到身死国灭，也塑造出为文弱伶人所灭而显得可哀可悯可悲的庄宗形象。同时也得出"逸豫可以亡身"的结论。

庄宗的衰落看似是由宠幸伶人这样一件小事所致，然而世间也不止这样一种小事，所以最后得出结论"夫祸患常积于忽微，智勇多困于所溺，岂独伶人也哉"。

兴之艰与亡之速的对比，得之难与失之易的对比，使文章先扬后抑的气势有如山崩地坼。清代文论家李扶九在《古文笔法百篇》中言欧阳公《五代史伶官传序》："抑扬尽致，俯仰雍容，逼肖龙门，此六一公生平最得意之笔，学者当百读不厌也。"

欧阳修能够以一个细微的角度切入，去讽谏北宋统治者力戒骄奢，防微杜渐，励精图治，而对比手法的运用又将这种效果得以突出放大。

两篇史论文虽然文体不同，但都运用对比手法水到渠成地得出结论。像这样借古讽今的文章中很多都会运用到对比手法，如《阿房宫赋》中"负栋之柱""架梁之椽""钉头磷磷""瓦缝参差""直栏横槛"等与"南亩之农夫""机上之工女""在庾之粟粒""周身之帛缕""九土之城郭"等的对比，突出阿房宫工程之浩大，秦国之奢侈，以此来讽谏唐末统治者。不仅这类文章多用对比手法，在其他的诗词和文章里对比手法的运用也是非常多见的。我们在鉴赏文本的时候，不仅要找出对比项，更要明白作者运用对比手法的用意。

二、在实践表达中学会运用对比手法

中学生不仅要学会鉴赏文本里的对比手法，也要在实践表达中学会运用对比手法。

在刻画人物的时候，除了用语言、动作等正面描写之外，还可以运用对比手法来侧面描写。如鲁迅《理水》中刻画大禹不与世俗同流合污、埋头苦干、拼命硬干的形象，就用了其他治水的官员来进行对比。

提升主旨的时候，也可以运用对比手法。如吴敬梓的《范进中举》，将范进中举前后的心态进行了对比，还将以胡屠夫为代表的周围人对范进中举的前后态度进行了对比，讽刺了热衷仕途的读书人以及趋炎附势的小人，同时揭露了封建官场的黑暗以及封建科举制度对知识分子的毒害，反映了世态炎凉的社会现实。

说服别人的时候，为了论证自己的观点，也可以采用对比手法。如诸葛亮《出师表》中的"亲贤臣，远小人，此先汉所以兴隆也；亲小人，远贤臣，此后汉所以倾颓也"，就明确表达出对待"贤臣"和"小人"该有的态度。

想要展现时代的发展，世事的变迁，也是可以采用对比手法的。如写到深圳的发展，是可以将40多年前的小渔村和现在的高楼大厦及高新科技园进行对比的；又如想要展现某些传统工艺的没落，同样也是可以运用对比手法的。

在高中议论文写作中，还可以将正反两方面的论点和论据加以剖析对照，以达到否定错误观点、树立正确观点的目的。如2021年深圳一模"品孔颜之乐，做幸福青年"的作文写作，同样可以将"品好"与"不品"的青年进行对比，从而论证"品什么""如何品"以及怎样做一个安贫乐道、精神充盈、实现人生价值的幸福青年。

参考文献

［1］中国大辞典编纂处. 国语辞典［M］. 北京：商务印书馆，2011.

［2］欧阳修. 五代史伶官传序［M］//高中语文选择性必修中册（统编版）. 北京：人民教育出版社，2020.

［3］贾谊. 过秦论［M］//高中语文选择性必修中册（统编版）. 北京：人民教育出版社，2020.

［4］李扶九. 古文笔法百篇卷十五感慨篇［M］. 西安：三秦出版社，2005.

议论性作文的画面感浅谈

深圳市盐港中学　杨金红

作文是学生创造性的思维过程，学生应该写出自己深切的见解和真实的感受。《普通高中语文课程标准》中明确指出："要多角度地观察生活，丰富生活经历和情感体验，对社会和人生有自己的感受和思考，多方面地积累和运用写作素材。"而在实际写作中，不少学生为写作文而作文，论点一旦确立，几个论据一摆，一篇文章便搞定，不见观察和思考。语言苍白，思想贫乏，这样平淡无力的文章难有感染力和说服力，更难有生命力。

我认为一篇有生命力的文章，除了要有深刻的思想、清晰的思路外，还得有画面感，有强烈的视觉冲击力。

"言之无文，行而不远"，思想和学问的传播要靠富有文采的文章，而这种文采很多时候都是通过它的画面感展示出来的。孔子等先秦诸子的文章莫不如此，读《论语》依稀能看到他和弟子们"风乎舞雩，咏而归"；读《逍遥游》，仿佛在与鲲鹏一起展翅高飞九万里；王维的诗歌流传深广，也是因为它能创设如"明月松间照，清泉石上流"之类的"诗中有画，画中有诗"的意境；现代鲁迅先生的杂文"嬉笑怒骂皆成文章"，如匕首，如投枪，很有战斗力，与他作品的画面感分不开。一篇有画面感的作文是有很强生命力的作文，如果中学生在写作文时能够有画面意识，那么在考场上一定会备受青睐，脱颖而出。

记叙文的画面感很容易做到，写景状物叙事写人不难做到生动，但议论文的生动该如何体现呢？画面感又该如何呈现呢？

一、观点表述形象化

观点的表述一般比较客观冷静，那么如何能做到形象化呢？多年前，鲁迅先生在他的《论"费厄泼赖"应该缓行》一文中生动鲜明地提出：要"痛打落水狗"。他告诫我们，对于落水狗，决不能姑息怜悯，要痛打；不然，狗一上岸，就会继续咬人，而且会置你于死地。形象的表达给人印象深刻！近代毛泽东的文章也可以作为很好的典范，1949年，毛泽东发表了一篇《别了，司徒雷登》的文章，写道："人民解放军横渡长江，南京的美国殖民政府如鸟兽散。司徒雷登大使老爷却坐着不动，睁起眼睛看着，希望开设新店，捞一把。司徒雷登看见了什么呢？除了看见人民解放军一队一队地走过……总之是没有人去理他，使得他'茕茕孑立，形影相吊'，没有什么事做了，只好夹起皮包走路。"毛泽东用形象的文字将大使老爷大势已去，只能形单影只地灰溜溜离开的无可奈何之形态尽显无遗。文字生动，画面感强，极富表现力。"别了，司徒雷登"之题目更是语意双关，十分生动、形象、醒目，它尖锐地讽刺了司徒雷登的滚蛋，美帝侵华政策的彻底失败，也洋溢着中国人民取得革命胜利的自豪感。高考中的一些优秀作文也是如此。高考优秀作文《生于此岸，心无岸》用比喻手法形象地阐述了自己的观点，含蓄诗意，大气开阔，展示了考生的境界。

平白直抒地表达观点较于形象化地呈现，就如菜单上几个方块字拼成的菜名较于色香味俱全的菜肴。虽然一个好的菜名也能让人觉得食欲倍增，却远不及一道美味摆在面前更能让人食指大动。

二、举例论证场景化

高中生作文常用的论证方法是举例论证，所举事例一般要概括化，如果这种概括化的论证能做到场景化，就会使论证有画面感，从而有更强的说服力。请看2012年高考广东省的一篇高分作文，作者在文中阐释人们在每一个时期都可以过"有用的生活"这一基本观点时，举例就有极强的视觉冲击力："在现代，21世纪的伊拉克，我仿佛又看到了这种力量——那个生活在巴格达的八岁少年卡马尔·哈希姆。他行走在哀鸿遍野、民不聊生的那片土地，有这么一句诗歌形容这个时代的中东，'山坡上的灵车来来往往，日以夜继。'没有少年的玩乐，没有吃得饱的热饭，只有硝烟与战火，明灭不熄，多少人在贫民窟、难民营里祈祷，来生不要生在这里，可是卡马尔并没有，他拿着相机记录伊拉克的点点滴滴，每一个温情的画面：有老人坐在书店的门口阅读，太阳从棕榈树后徐徐升起，咖啡馆的门外摆着一杯免费饮料。这算是一个糟糕的时代，这是一个没有任何孩子愿意生活的时代，然而卡马尔用自己微薄的力量去记录那些爱与温暖，鼓励每一个伊拉克人勇敢地、努力地活下去，这是在最不适合的时期里最合适的救赎。"通过作者的描述，我们仿佛看到一个行走在苍凉的暮色中却在用心记录着生活的阳光与明媚的乐观少年，而从作者的文字里我们分明感受到了论证的力量：在任何时代，"拿出自己的力量"，都可以说是"生逢其时"；在任何时代，即使你只能做一朵默默无闻的花，你也能摇曳你的美丽温暖旅人的心房。这样画面感极强的举例论证，无疑比那些泛泛而谈的文字更有力量！同样是举例论证，有的文字就如清风拂过，不带走一片云彩，有的却如鼓槌击打在心脏上，能激起人们的共鸣。

三、材料分析具象化

在议论文的写作中，材料分析必不可少，如果我们能在分析中肯的基础上，做到形象贴切，那么文字的表现力、说服力一定会更强。2012年高考优秀作文《我爱这时代》中有这样的片段："我爱这个时代，因为我的根在这里。我已经习惯了这里的电视、电脑、洗衣机，习惯了和好友在电话上的闲聊或讨论，习惯了家门口的菜市场，习惯了人满为患的公交车。更多的，已经融入血液，成为深深的依恋。"作者形象地搜取了"电视、电脑、洗衣机、电话、菜市场、公交车"等意象，直观而生动地传达了"这个时代对我的滋养与教诲"，富有时代气息和画面感。

由此可见，平时的作文训练除了思想的彰显、语言的积累外，画面意识的加强也是不可或缺的。陈妙云教授在给广州市高三语文尖子生培优班做讲座时就提醒大家，高考作文想获得高分，除了要做到思想深刻、思维清晰外，还要注意表达的优美。思想决定文章的深度，表达决定文章的高度。表达流畅优美，在理性的认知上加上形象的表达，就更能够增强别人阅读的意愿了。

清人唐彪在其《读书作文谱》中说道："文章既得情理，必兼有跌宕，然后神情摇曳，姿态横生，不期然而阅者心喜矣。"这里的"神情摇曳，姿态横生"说的就是文章的生动性和画面感。当然，表达要与思维同步发展才能切实提高学生的写作水平，不能"为表达而表达"。

全国十佳文学少年谢然的作品就很有画面感，她在高二时曾在40分钟内写下《回到原点》一文（当年的高考作文题），灵动的文字、深刻的思想备受陈建伟教授等专家的好评。笔者觉得承载着文章活跃思想的是其中的词彩，文中论据顺手拈来，形象思维让画面依次呈现，如："李清照也是一个，她所寻寻觅觅的是一个原点，一个安恬的午后或与沙鸥争渡，或与丈夫情话。就连号称'词坛飞将'的辛弃疾也在此列，他于灯火阑珊处看见的，也是一个原点，一个当初的自己。"

文中各种画面有层次地呈现，拓展地、立体地、多层面地反映着生活，精练而生动的语言裹挟着思想的力量，文字的张力延展着深邃的思想。在谢然的新作《不读论语枉少年》中，到处可见这样鲜活的文字，到处可见这样灵动的画面，孔子及其弟子们在她的笔下就这样穿越千古，生动地站在你面前，那么地亲切，你可以观其颜，可以听其音，可以与他们一起周游列国！

无疑，优秀的作文需要做到表达优美，而文字的画面感是表达优美的体现，那在实际操作中怎样才能做到呢？刘勰在《文心雕龙》中说："操千曲而后晓声，观千剑而后识器。"也就是说，文字深刻的表现力和画面感不仅来自大量"观千剑"式的阅读，更来自"操千曲"式的实际写作经验。在我们的训练中，要引导学生感知生活、表现生活、思考生活，做到用词新鲜生动，巧妙运用多种修辞手法，借助联想和想象，化用一些古典诗句，将抽象的事物具体化，假以时日，相信他们一定可以妙笔生花，文字丰盈，画面精彩。

参考文献

[1] 中华人民共和国教育部.普通高中语文课程标准［S］.北京：人民教育出版社，2020.

[2] 唐彪.读书作文谱［M］.长沙：岳麓书社，1989.

[3] 陈建伟.原点作文［J］.语文月刊，2011（7）.

[4] 谢然.不读论语枉少年［M］.深圳：深圳海天出版社，2011.

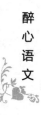
隐逸高情传千古

——《归园田居（其一）》《杂诗（其一）》
《饮酒（其五）》群文阅读教学设计

深圳市盐港中学　孔贝贝

一、语言目标

在诵读中感知陶渊明诗歌"平淡自然、情味隽永"的语言风格。

二、思维目标

在整合阅读教学中，学会对比鉴赏文章的异同，提高学生的对比阅读能力。

三、审美目标

了解陶渊明的隐逸高情及其对中国传统文人的影响，初步感知中国古代文人出世与入世的人生抉择。

四、教学目标

（1）诵读诗歌，感受诗歌韵味，把握诗歌感情基调。

（2）品味语言，理解并赏析陶渊明诗歌的情感。

（3）把握诗人形象，了解陶渊明的人生志趣及人生境界，初步感知中国传统文人对出世与入世的人生抉择。

五、教学重难点

（1）掌握鉴赏诗歌的基本方法。

（2）深入思考诗人出世与入世抉择的价值及影响。

六、教学课时

1课时。

七、课前准备

（1）回顾陶渊明的生平经历，完成学案。
（2）熟读三首诗，能基本理解诗歌意思。

八、教学过程

1. 创设情境，激发兴趣

（屏显）假如你是陶渊明，你会怎样介绍自己？

设计意图：创设语文学习情境，考查学生对陶渊明生平经历的掌握，感知学生对陶渊明的理解，为后面进一步解读群文、理解陶渊明的人物形象张本。

2. 披文入情，各美其美

（1）诵读全诗，整体感知。全班齐读《归园田居（其一）》，男生齐读《杂诗（其一）》，女生齐读《饮酒（其五）》。

设计意图：整体感知文本，让学生在诵读中获得对文本的直观理解。

（2）比较鉴赏，求同存异。

①（屏显）《归园田居（其一）》《杂诗（其一）》《饮酒（其五）》均描写了陶渊明归隐之后的内容，请找出可以相互印证的诗句。

预设：《归园田居（其一）》"暧暧远人村，依依墟里烟"一句与《杂诗（其一）》"落地为兄弟，何必骨肉亲！得欢当作乐，斗酒聚比邻"相互印证。

《归园田居（其一）》"久在樊笼里，复得返自然"一句与《饮酒（其五）》"采菊东篱下，悠然见南山"相互印证。

设计意图：勾连起三首诗的共同内容，训练学生提炼相关信息的能力，培养学生以文解文的意识，加深其对某一文本的理解。

②（屏显）《归园田居（其一）》《杂诗（其一）》《饮酒（其五）》三首诗分别塑造了不同的诗人形象，请在下面的空白处填入合适的诗句及诗人形象。

从《归园田居（其一）》中感受到的诗人形象。

从《杂诗（其一）》中感受到的诗人形象。

从《饮酒（其五）》中感受到的诗人形象。

预设：从《归园田居（其一）》"久在樊笼里，复得返自然"中，感受到坚守本性、追求自由、厌恶官场、喜爱自然的诗人形象。

从《杂诗（其一）》"得欢当作乐，斗酒聚比邻"中，感受到及时行乐、淳朴友爱的诗人形象。

从《饮酒（其五）》"采菊东篱下，悠然见南山"中，感受到与自然契合、返璞归真的诗人形象。

设计意图：解读这三首诗歌中的陶渊明形象，有助于学生理解陶渊明的思想情感，为下文理解陶渊明的隐逸思想铺路。

（3）《归园田居（其一）》《杂诗（其一）》《饮酒（其五）》分别表现了陶渊明归隐田园之后思想的不同侧面，请小组合作讨论，将下面的表格（见表1）补充完整。

表1

诗歌	关注内容	侧重表达	所达境界
《归园田居（其一）》			
《杂诗（其一）》			
《饮酒（其五）》			

预设（见表2）。

表2

诗歌	关注内容	侧重表达	所达境界
《归园田居（其一）》	自我（本性）	回归顺势本性、无所扭曲的生活	超脱了政治，超越了伦理，摆脱了世俗束缚，坚守本性后的潇洒、超脱、旷达的人生境界
《杂诗（其一）》	他人（伦理）	在村居生活中找到质朴的人际关系，获得精神上的欢乐	
《饮酒（其五）》	自然（万物）	归隐之后精神世界和自然景物浑然契合的那种悠然自得的生活	

设计意图：陶渊明"少年罕人事，游好在六经"，他少有壮志，在13年间五仕五隐，其精神上的矛盾纠结可见一斑。陶渊明的隐逸思想也是随着时

间流逝，不断完善的。《归园田居（其一）》《杂诗（其一）》《饮酒（其五）》分别反映了陶渊明隐逸思想的不同侧面，只有借助三首诗歌，分别梳理陶渊明所达到的人生境界，才有可能理解陶渊明的隐逸思想。

3. 联系对比，一窥影响

（屏显）除了陶渊明，你还知道哪些隐士？陶渊明与其他归隐的文人有何不同？陶渊明归隐田园对后世文人有何影响？

预设：

（1）隐士

许由、巢父、伯夷、叔齐、老庄、严光、陶弘景、白居易、王维……

（2）不同

（屏显）在古今诗人之中，能够直接面对人生的苦难悲哀，而且真正找到了解决办法的，只有陶渊明。当然，他也不得不为自己所选择的这条道路付出劳苦饥寒的代价。

在古往今来的田园诗人中，只有陶渊明真正做到了躬耕园田，他在辛苦劳作中形成了洁净的人格，保持了人格的独立。

（3）陶渊明的影响

（屏显）陶渊明是中国士大夫精神上的一个归宿，许多士大夫在仕途上失意以后，或厌倦了官场的时候，往往回归到陶渊明，从他身上寻找新的人生价值，并借以安慰自己。白居易、苏轼、陆游、辛弃疾等莫不如此。于是，不为五斗米折腰也就成了中国士大夫精神世界的一座堡垒，用以保护自己出处选择的自由。而平淡自然也就成了他们心目中高尚的艺术境地。

——袁行霈主编《中国文学史》

设计意图：与其他田园诗人"优游卒岁"的生活进行对比，才能更好地理解陶渊明的伟大，才能明白为什么陶渊明对中国传统文人影响如此之深，进一步了解中国传统文人入世与出世的抉择。

4. 课后练习：穿越时空，对话经典

（屏显）假如你乘坐时光机来到一千多年前的东晋，你会对陶渊明先生说些什么呢？

设计意图：让学生在写作中整合自己对陶渊明的认识，并用文字恰如其分地表达出来。

"苏轼诗文"项目式学习初探

深圳市盐港中学　韩　萍

　　《普通高中语文课程标准（2017年版，2020年修订）》提出，在课程设置中坚持提升课程的"思想性、时代性、系统性、指导性"，坚持贴近学生的"思想、学习、生活实际"，用"学习任务群"的形式系统整合高中语文的内容，"以任务为导向，以学习项目为载体，整合学习情境、学习内容、学习方法和学习资源"。新课标学习及教学方式的转变要求在平时的学习教学中改变以往零散的知识形式，侧重培养学生的系统性思维能力及整合能力。部编版初中到高中的教材中选取了苏轼作品的一些篇目，但就苏轼主题性探究的项目式学习活动而言，这些作品数量有限，学生以单篇学习为主，分布相对零散，在学习中缺乏思维的整体性、系统性，会影响学生对苏轼其人的全面深入了解。

　　随着学生知识积累的丰富，视野的开阔，思维水平的提升，高中阶段对苏轼其人及优秀作品通过项目式学习进行系统性的梳理、整合是非常有必要的。同时，语文学科承担着传承和发扬中华优秀传统文化与育人的使命，在快节奏的现代社会甚至是越来越"卷"的都市生活中，人们该如何安放自己的灵魂，如何保持健康良好的身心状态是非常值得关注的，探究文学作品除了知识的功用外，还具有滋养人内心和灵魂的作用。所以，在项目式学习中领略苏轼的优秀作品、人格魅力、精神境界对学生乃至社会群体的人生、生活都具有重要的指导意义。本文将从"创设情境、明确目标任务、提供资源支持、形成成果报告"四个方面对苏轼诗文进行项目式学习探究。

一、创设情境

2020年是故宫600岁生日，故宫博物院进行了一系列展览纪念活动，吸引了众多中外游客前来祝贺。作为首展的"千古风流人物之苏轼书画主题展"可谓此次故宫展的重头戏，吸粉无数。借此机会，学校将举办"千古风流人物之走近苏轼"主题活动，让更多人走近苏轼，了解苏轼的可爱之处，弘扬优秀传统文化。我们班担任本次活动的策划，请以小组的形式分工完成任务。

二、明确目标任务

兴趣是动力的源泉。教师在设定目标过程中应注重考虑学生的学情，在确定目标、分配任务时可以和学生商定，要选择学生感兴趣的内容，同时选择贴近学生学习、生活实际的任务目标。经过讨论，最终确定以下目标任务，分六个小组完成。

（1）查找资料，直观呈现苏轼的"朋友圈"及他们之间的关系。

（2）梳理苏轼的人生轨迹及心情变化。

（3）找到与苏轼有关的美景、美食，并讲出苏轼与它们的故事。

（4）临摹苏轼的书画。

（5）举办苏轼迁谪诗文诗词大会（包括你问我答、你画我猜、情景式默写等）。

（6）总结苏轼的魅力所在及现代意义。

三、提供资源支持

（1）教材基础篇目：《水调歌头·明月几时有》《江城子·密州出猎》《定风波·莫听穿林打叶声》《记承天寺夜游》《卜算子·黄州定慧院寓居作》《念奴娇·赤壁怀古》《赤壁赋》《江城子·乙卯正月二十日夜记梦》《石钟山记》。

（2）专著支持：林语堂《苏东坡传》、余秋雨《苏东坡突围》、《宋词鉴赏辞典》、《宋诗鉴赏辞典》、《古文鉴赏辞典》中苏轼的诗文。

（3）学术支持：中国知网。

（4）纪录片：《百家讲坛之唐宋八大家》《苏东坡》。

第二章 教学方法

（5）访谈：BTV文艺《春妮的周末时光》邀请北京大学教授赵冬梅、故宫博物院副院长任万平、郁文韬博士等关于苏轼的访谈。

（6）展览：故宫600年之遇见苏轼。

四、形成成果报告

开展"千古风流人物之走近苏轼"主题活动，后期要进行成果汇报。成果汇报的形式灵活多样，包括分享会、诗词会、思维导图、手抄报、苏轼书画作品赏鉴及临摹作品展等。学生独立自主完成任务的同时，也可以动员其他方面的力量，邀请或采访在这方面有专业或深入研究的专家、家长等来分享和交流。

苏轼这样总结自己的一生："心似已灰之木，身如不系之舟。问汝平生功业，黄州惠州儋州。"他的作品、他的豁达乐观、他的率真、他的有趣灵魂，让学生在这个项目式探究过程中心灵得到滋养，生命豁然开朗。

一曲秋之悲凉的颂歌

——《故都的秋》教学实录

深圳市盐港中学　陈梦心

一、教学设想

《故都的秋》是中国现代著名小说家、散文家、诗人、革命烈士郁达夫的散文名篇，感情浓厚，意味隽永，文辞优美。作者将悲秋与颂秋结合起来，秋中有情的眷恋，情中有秋的落寞——这情是故乡情、爱国情；这落寞之秋是作者当时心境的写照，是对国运衰微的喟叹，交织成一曲秋之悲凉的颂歌。由于该文的写作时间离今天已经比较久远了，学生要充分把握文中的意蕴和情味可能有些困难，所以应适时对作者情况和背景进行介绍，并提示学生诵读，认真体会景物描写中所蕴含的思想感情。

教学中面对的是高一年级学生，他们对散文这种体裁并不陌生，在初中时已有过接触，能说出散文"形散而神不散"的特点，感受过散文的语言美、意境美，能进行初步的鉴赏，但仍然停留在泛读和初读的程度，也就是所谓的"知其然而不知其所以然"，他们的思维能力和审美能力尚在形成之中。因此要加强感情朗读。尤其是一些优美的语句、精警的段落，最好能熟读成诵。朗读时应尽量读出作品的"原味"来，尽量与作者的心灵贴近，与作者的情感产生共鸣。

鉴于以上分析，我拟定的阅读教学目标如下。

（1）引导学生在朗读中对故都秋景的特点进行分析，从而感知作家独特的视角，理解本文"主观情"与"客观景"的自然融合，掌握文章以情驭景、以景显情、情景交融的写法。

（2）引导学生在朗读中推敲文中悲凉、伤感情调的由来，从深层次理解

第二章　教学方法

93

此文的丰富内涵：作者在山河破碎、内外交困的现实下，赞美自然风物的真情以及内心的忧思及落寞；体会作者深沉的爱国之情。

（3）培养朗读感悟、品味揣摩语言的能力。为保证阅读教学效果，务必坚持课前预习，要制定导学案。课堂教学方法主要采用两种：一种是诵读法。"读书百遍，其义自见"，在散文的教学中这点尤为重要。本文是现代散文史上的名篇，反复诵读可使学生感受到文章感情之浓厚、意味之隽永、文辞之优美。另一种是以问题为引领的对话讨论法。抒情散文重在抒写作者的情志与意趣，但这种抒写往往不是直接的，而是通过精巧的构思，富有情感与哲理的语言，在写景、状物、叙事中实现的。因此，要精心设置阅读对话问题，以引导学生积极讨论、合作探究。

在教学辅助手段的使用上，一是要把教学设计的步骤及内容制成课件，二是要准备该文的朗读音频。

二、导学案

1. 预习

（1）收集郁达夫的资料，包括生平简况、创作风格、代表作品等。

（2）阅读全文，借助课下注解和工具书，给下列加点的字注音。

混混沌沌（　）（　）　潭柘寺（　）　落蕊（　）　一椽破屋（　）
廿四桥（　）　房檩（　）　颓废（　）　鲈鱼（　）

（3）通读全文填空，体会本文用词的精当。

① 秋天，无论在什么地方的秋天，总是好的；可是啊，北国的秋，却特别地来得_____，来得_____，来得_____。

② 江南，秋当然也是有的；但草木凋得_____，空气来得_____，天的颜色显得_____，并且又时常多雨而少风；一个人夹在苏州上海杭州，或厦门香港广州的市民中间，混混沌沌地过去，只能感到一点点清凉，秋的_____，秋的_____，秋的_____与_____，总看不_____，尝不_____，赏玩不到_____。

③ 南国之秋，当然是也有它的特异的地方的，譬如_____，_____，_____，_____等等，可是色彩不浓，回味不永。比起北国的秋来，正像是_____，_____，_____，_____。

2. 思考

（1）文章的标题有什么深刻含义？

（2）文中勾勒了几幅故都秋景图？速读课文，用小标题概括。

（3）在这些图景中，作者描写了故都秋天的哪些风物？精读课文，归纳作者分别描写了它们的什么特点（提示：颜色、形态等），表达了什么感受。

（4）作者既没有写陶然亭的芦花、钓鱼台的柳影、西山的虫唱、玉泉的夜月、潭柘寺的钟声；更没有涉及香山的红叶、昆明湖的池水，而是在皇城人海中"租人家一椽破屋来住着"，所见到的、听到的、感觉到的都是"清、静、悲凉"的最平常的景物。作者为什么把秋景看得如此的"清、静、悲凉"？

三、教学过程实录

师：现在请小组长检查本组同学完成导学案的情况。

（各小组长检查时，教师也走到同学中了解情况并与他们沟通。各小组长检查完后汇报情况：大多数同学完成得较好，也有十多名同学未做完，没有没做的。教师做了简短的讲评，对没做完的同学提出批评）

师：请第一小组推选一名代表汇报你们收集到的郁达夫的资料，包括生平简况、创作风格、代表作品等。

生：（照本念）郁达夫的生平：他出生于1896年，原名郁文，浙江富阳人。现代著名的小说家、散文家，出身于一个知识分子家庭。从小熟读唐诗宋词和小说杂剧。曾赴日本留学，与郭沫若等发起创造社。1921年7月第一部小说集《沉沦》问世，产生巨大的影响。先后在北京大学、武昌师大、广东大学任教。1930年3月参与发起成立"左联"。抗战爆发后，积极投入抗日救亡运动，后流亡苏门答腊岛坚持抗战。1945年9月被日本宪兵杀害，后被追认为革命烈士。

师：很好，又完整又简洁。

生（笑了）：从网上搜的。

师（也笑）：现在是网络时代，就是要"搜"啊。接着讲。

生（接着念）：主要作品有《沉沦》《春风沉醉的晚上》《出奔》，内容上不同程度地揭露了旧社会的罪恶，向封建道德挑战，有一定的积极意义，但也带有颓废情绪。散文以游记著称，情景交融，文笔优美，自成一家。

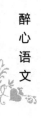

师：好。有没有补充？（很多同学举手，请第二组的一名同学补充）

生：作品风格清新，抒情浓烈，有感伤情调，有时流露出颓废色彩。

生2：作品还有《她是一个弱女子》。

师：很好。你们有谁读过这篇小说？

（没人回答，教师目光触及的同学都摇头）

师：这部小说描写了三个性情、思想、志趣各不相同的女性及其不同的生活道路，其中有个叫郑秀岳的女子，性情柔弱，意志薄弱，容易受外界的诱惑，命运悲惨，是突出的代表，表现了作者的人道主义思想。书店里有，是2010年版的，假期可以买来看看。

同学们，古人多哀秋怨秋，今人多喜秋颂秋。郁达夫也是颂秋，面对这么多的精彩，他独运匠心，另辟蹊径，不落窠臼。下面播放课文的音频朗读，请大家认真品味作者清新、抒情浓烈、有感伤情调的风格，并概括本文的抒情格调。

（播放朗读音频）

师：同学们说说本文的抒情基调是怎样的。

生1：热爱、歌颂的。

生2：思念、眷恋的。

生3：悲凉的。

师：你根据什么说是悲凉的？

生3：从音频里朗读的语调感受到的。

师：很好。你是认真听朗读了。热爱、歌颂、思念、眷恋，是作者表达的情感，但这种情感却是带着悲凉的基调的。那么，作者对故都的秋的悲凉歌颂是怎么表达的呢？让我们在对课文的读读析析中得出答案。

其实，"故都的秋"这个标题就很有深意，透露出一些信息。大家说说"故都"北平，即现在的北京，作者为什么不称"北平的秋"而叫"故都的秋"呢？

生1：北平，是明清两朝的都城，是历史名城，所以称故都。

生2：故都，不单单是描写的地点，还含有现在不是首都了，有对从前的眷恋之情，也暗含着历史文化底蕴。

生3：北平，只是地点；故都，含有历史变迁的味道，以前是都城，现在不是了，有一种悲凉的意味。

师：同学们说得很好。谁能把他们的意见归纳一下？

生4：题目很有深意。故都，是课文写作的地点；秋，是课文描写的内容。故都，是从前的、过去的，表明有着数百年辉煌历史文化的都城现在不是了，曾经的繁华也成为历史，暗含着历史文化底蕴；"秋"本来是萧瑟的、凄凉的，这样的标题使人感到……（沉吟）

师：（插入）感到肃然，使人感受到故都的苍凉和凄清，也会很自然地让人感到作者对这座历史名城的珍爱、赞叹及深情的眷恋和向往，对不对？

（生4笑着点头，同学们鼓掌）

师：请一位同学读第1、2自然段，同学们分别找出体现它们特点的句子，并用四个字和三个字来概括北国的秋与南国的秋的特点。

学生讨论后，回答：体现北国的秋的特点的句子是"可是啊，北国的秋，却特别来得清，来得静，来得悲凉"，概括起来是四个字：清、静、悲凉。体现南国的秋的特点的句子是"但草木凋得慢，空气来得润，天的颜色显得淡"，概括起来是三个字：慢、润、淡。

（此问旨在训练学生的文字概括能力）

师：答案都可在文段中找到，难度不大。同学们概括得很好。下面请同学们速读课文第3~11自然段，看作者描写了哪些事物，为我们描绘了几幅秋景图。

（学生阅读，然后分组讨论，相互交流）

生1：作者分别描写了牵牛花、槐树的落蕊、秋蝉、秋雨、秋天的果树等事物，一共有五幅秋景图。

师：能否用最简洁的语言概括？

生2：庭院里的观秋图、槐树落蕊图、秋蝉图、秋雨图、果树图。

（学生鼓掌）

师：总结得非常好。老师在他的基础上再提炼一下，使之更整齐美观：庭院观秋图、踏蕊知秋图、听蝉感秋图、雨中话秋图、百果扮秋图。（幻灯片打出来，学生品味后再次鼓掌）

下面，我们来赏析第一幅画面，大家轻声诵读第3自然段。这段文字写了哪些景物？

生1：有很高很高的天空，碧绿的天色，一丝一丝漏下的日光，牵牛花的蓝朵儿等。

师：只写了这些吗？

生2：还提到了陶然亭的芦花、钓鱼台的柳影、西山的虫唱、玉泉的夜月、潭柘寺的钟声。

师："提到了"，这个词用得好，说明这些——

生（七嘴八舌）：略写。

师：这些可是作者在南方每年的秋天都要想起的呀，为什么略写？却要详写有很高很高的天空，碧绿的天色，一丝一丝漏下的日光，牵牛花的蓝朵儿等？

（这个问题有些难度，有的同学相互小声交谈了一下，但无人举手）

师（提示）：陶然亭、钓鱼台、西山、潭柘寺等都是北平的著名景点，平时会说是什么样子的？

生：人多，热闹。

师：作者这里要描写故都秋的什么特点？（生齐答：清、静、悲凉）

（学生恍然大悟，七嘴八舌地说，详写这些著名景点与文意不合拍）

师：下面大家研究研究作者是怎样写出清、静、悲凉这些特点的。

生：天色碧绿，看得很高，能见度大，可见：天空无杂质；从漏下的日光，一丝一丝多么分明，可见：空气中没有混杂物；再看牵牛花的颜色：蓝，给人感觉清透，没有灰尘。这些景物都共同突出了一个"清"字。

师：同学们说得很好。"清"字已有，那么"静"在何处呢？

生：听得到青天下驯鸽的飞声。

师：此处有声音何言"静"呢？

生：是以有声衬无声。即所谓"蝉噪林逾静，鸟鸣山更幽"。

师：好！清，静皆着，"悲凉"何在？

生：一椽破屋，破壁腰中，蓝白最佳，尖长秋草，显得破败荒凉；再加上蓝白色，透着凉意，秋天的草，枯黄衰落，不就是文学作品中悲凉的景象吗？

师：这幅画确实巧妙地表现出了"清、静、悲凉"的特点。那么作为秋的点缀的槐树以及槐树的落蕊，是怎样来表现"清、静、悲凉"的特点的呢？

生1：脚踏上去，声音也没有，写的是静。

生2：气味也没有，只能感出一点点极微细柔软的触觉，扫帚的丝纹，是不是清？（师点头）

生3：潜意识下觉得有点儿落寞，"梧桐一叶而天下知秋"，就是悲凉的感觉。

师：风吹落叶，雨滴梧桐，凄清景象，梧桐原本就是文人笔下孤独忧愁的意象。梧桐叶落，悲从中来，正所谓槐树叶落秋意浓，只是愁煞寂寞人啊。

同学们，秋后的蝉是活不了多久的，一番秋雨之后，蝉儿便剩下几声若断若续的哀鸣了，命在旦夕。因此，寒蝉就成为悲凉的同义词，声声蝉鸣，幽幽诗意。那么，故都的秋天来后，处处的秋蝉有什么表现呢？

生：衰弱的残声。啼唱。嘶叫。

师：这嘶叫是生命将逝的哀叹，凉从此出；另外，衰弱的残声都听得见，足见故都秋之寂静。

师：真所谓故都处处听嘶叫，秋蝉寒里作残鸣。

（品味朗读：云散雨霁，桥头影里，都市闲人，缓慢悠闲地对话。"了"字念得高，拖得长；"阵"字像"层"字，平平仄仄的歧韵，作者认为"倒来得正好"，试体会人物的内心世界）

师（与学生对话讨论）（明确）

（1）"了"字念得高，拖得长，体现对秋的深切体味；再加上破折号，声音绵长浓郁，隐含着意味深长的感叹，这"凉"不仅在身上，更在心里。

（2）"阵"字表明凉意是短暂的，稍纵即逝的。而"层"境界顿显深、广、浓、厚。写出了北国的秋经过一场场秋雨的洗礼，而渐浓渐深，渐染渐醇的特点。所以说，"这念错的歧韵""倒来得正好"。

小结：（幻灯片显示）

阑风伏雨秋纷纷，四海八荒同一云。——杜甫《秋雨叹（其二）》

秋风秋雨愁煞人，寒宵独坐心如捣。——陶澹人《秋暮遣怀》

（学生齐读）

秋雨添凉，既是天气的现象，又是人内心的感受。是秋雨触动了人们心头的悲伤和忧愁，触发了他们的苍凉无奈之情。是啊，天气转凉，一年将尽，人到中年，光阴几何，那种沧桑，那种凄凉，那种无奈，都在天气转凉、一年将尽的氛围中。但作者写时并未刻意去写，没有悲凉的标志，但有悲凉始终笼罩着，字里行间弥漫着一种悲凉的气氛，这就是高手不着一字，尽显风流。正应了辛弃疾的那句话：而今识得愁滋味，欲说还休，欲说还休，却道天凉好个秋！

（教师用屏幕显示，学生随读）

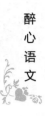

师：第五幅画面主要是写北国清秋如黄金般珍贵，写胜日的枣树，枣子呈现出淡绿微黄的颜色，是北方最常见的奇景，恰好可以一睹清秋景，感受胸中情。请大家齐读体会。（学生读、议）

师生对话，明确：这节是以枣子颜色的变化来写季节特征的，是从动的角度来描绘色彩的。枣子由淡绿到微黄再到红完，无疑是一条线上的色彩，若不是对事物观察得细致，感触得入微，是难以如此准确表现出来的，透露出作者对故都的秋的挚爱之情。

师：以上分析的内容是文章的主体部分，都属于记叙描写性文字。下面第12自然段，大家说说使用的是什么表达方式。

生：议论。

师：作者在写景抒情散文中插入了一段议论性的文字，有什么作用呢？

（学生讨论，教师巡视、不时插话）

这样的散文中加入议论性文字，在理论上深化文章主题，通过议论指出："有感觉的动物，有情趣的人类，对于秋，总是一样的能特别引起深沉，悠远，严厉，萧索的感触来的。"使文章的意境拓广加深，并且进一步赞颂这独特的故都的秋味。它的作用在于"喻理""明旨"。（幻灯片显示）

师：故都的秋的景物应该是丰富多彩的，如香山红叶，游人如织的颐和园，作者为何只选取了这几处景物来写呢？

（生分析，探讨）

师（明确）：一切景语皆情语，文中的秋花、秋雨、秋树等景物的清闲、幽远、幽静、落寞、衰落、萧条，表面看都是秋的真实色彩，实际上是北国的秋在作者心中的投影，是自然界的"客观色彩"与作家内心"主观感受"的自然融合。

这也是写景抒情散文"以情驭景、以景显情、情景交融"的创作方法。郁达夫也是如此，清、静、悲凉的故国表现的是深沉、真挚的家国之思，故都情结；俗语说，狗不嫌家贫，儿不嫌母丑。爱国，不是光会爱她的强大、繁荣，也爱她在磨难中的坚强。正因为如此，他才在文章的最后深情地哀诉，我们一起来读最后一段。

师生：读最后一段。

郁达夫爱故都之秋爱得如此深切，愿意以寿折秋。那正是因为他是用整个生命去爱秋，用整个身心去拥抱秋，用自己的灵魂去品尝秋，把自己的血与肉融入了墨汁，饱蘸着自己的情和爱去书写秋，这才品出了深蕴其中的不为外人所道的妙味，才有了这篇秋味十足的至美之文。（幻灯片显示，齐读）

（探究研读）

故都的秋景丰富多彩，故都的秋是美丽的，可作者对于秋味的感受为什么会是这样的呢？请大家试从主客观两个方面来分析探讨。

（学生分组议论，各抒己见，教师走到学生中参与讨论）

生1：可能跟他的年龄有关吧。

师：郁达夫写此文时只有38岁。

生2：可能和作者的性格有关吧。

师：可是我手头没有这方面的资料，能帮你证明这一点。

生3：是不是跟作者的生活时代有关？

师：不错，郁达夫生活在动乱年代，但是像他这一时代的其他作家也写过反映季节的文章，像朱自清的《春》就写得生机盎然、蓬勃向上。

生3：那可能和作者的生活经历有关。

生4：还可能和作者的心境、情怀有关。

师：郁达夫3岁丧父，1913年9月随长兄赴日留学。他深受近代欧洲、日本等各种社会思潮和文艺作品的熏陶。10年的异国生活，使他饱受屈辱和歧视，激发了他的爱国热忱……

生5：由此看来，作者因眷恋故都才产生这样的情感。

生3：作者写南国之秋，秋味不浓，难以让人满足；写北国的秋，才够得上心理上的秋味。

……

（幻灯片显示）从客观方面来讲，这是北京秋天的自然色彩。从主观方面来讲，也有几个因素：一、跟作家个人气质的抑郁善感有关，旧中国环境的黑暗又使他更加思想苦闷，逃避现实；二、也跟作家的生活经历有关；三、还跟作家的文艺观和审美追求有关。在杭州期间，郁达夫提倡"静"的文学，写的也多是"静如止水似的遁世文学"。上述因素，就决定了作家会选什么样的景来抒什么样的情。

师：好，我们大家再放声诵读全文，再次整体上品味作者的真挚情感。

（生诵读全文）

师：下课。

第二章 教学方法

101

千载悠悠琵琶情

——白居易《琵琶行》教学实录

深圳市盐港中学　陈梦心

一、教学设想

白居易新乐府诗的代表作《琵琶行》，用如怨如慕、如泣如诉的叙述与抒情笔调，绘声绘色地再现了千变万化而美妙动人的音乐形象；且在叙事写景中融入了复杂而深沉的感情，展现出一幅幅萧瑟凄美的图画；在人物描写上采用双线交织的结构，为一对落魄的人物唱出了一曲凄凉的人生际遇的悲歌；抒发出"同是天涯沦落人，相逢何必曾相识"这种文人墨客的失意悲情；构建出错落有致而又貌异神合的精巧的诗歌结构，具有摄人心魄的艺术美感：其审美意蕴很丰富，是非常珍贵和绝好的美学教育的范例。可是，有相当一部分教师在教学《琵琶行并序》时，采用的教学方法却只是串讲法，或讲读法，或问题引领阅读等，将重点放在背诵上，却忽略了对文本进行美育教学，实在是有点小遗憾。

新课改的一个重要理念是培养学生的自我学习能力，把学生原有的被动学习方式转变为独立、合作、探究的学习方式，培养学生认真思考、热情参与、独立解决问题的能力。本次教学，我想在教学方法上进行一次尝试：先学后教，为学生设计一份导学案，由学生自主学习、自主讨论，完成有关作者、诗作背景、诗体及字词的知识掌握，初步了解诗歌内容，质疑问难，提出分析鉴赏的疑难问题；接着，采用诵读感知、师生对话探究等方法引导学生发掘其丰富的审美意蕴：品读描写音乐的句子，鉴赏音乐美；品味景物描写和人物情感，鉴赏诗歌意境美；探析人物命运，感受人物的情感，鉴赏人物美；分析叙事结构，鉴赏整齐兼变化的结构美等，并引导学生通过丰富的想象和联想，感受作品的审美蕴涵，努力使学生与教师传递的情感产生强烈的共鸣，从而获得审美愉悦，学会鉴赏、学会悟理、学会创造，以达到审美活动的高层次——领悟、启真、冶性。

二、导学案

1.收集资料，积累知识

（1）基本资料

白居易（772—846），字_____，号_____，下邽（今陕西省渭南县境）人。贞元十五年（799）进士，任翰林学士，_____。因直言进谏，贬_____，移忠州刺史后被召为主客郎中，知制诰。太和年间，任太子宾客及_____。会昌二年（842），以刑部尚书致仕，死时年75岁。

（2）生平逸事

_____时期_____的伟大诗人。青年时期家境贫困，对社会生活及人民疾苦有较多的接触和了解。读书时期特别刻苦。少年就以诗成，作品有《_____》（_____，一岁一枯荣。野火烧不尽，_____。远芳侵古道，晴翠接荒城。又送王孙去，萋萋满别情）。

白居易是_____的倡导者，主张"_____，_____"，反对"_____"，作品有深刻的现实意义。写下了不少揭露现实黑暗，反映劳动人民疾苦的诗篇，即被称为"_____"。白居易的诗_____，传说"白傅作诗，老妇皆懂"。青年时因战乱曾四处漂泊，对社会生活及人民疾苦有较多的接触和了解。写下了以《_____》《_____》为代表的"讽喻诗"，反映了劳动人民的痛苦生活，揭露了统治阶级的腐朽和罪恶。_____诗有《琵琶行》《长恨歌》。

唐宪宗元和十年（815），跟拥兵割据的藩镇吴元济有勾结的朝中重臣派人刺死宰相武元衡，长安城顿时一片混乱。白居易当时任东宫赞善大夫，是个陪侍太子的闲职，不能过问朝政，但他压抑不住自己的愤怒，上书请求缉捕凶手，终以越职言事的罪名被贬_____。五年后，宪宗去世，穆宗即位，才被调回长安。

（3）识体裁（关于"行"）

《琵琶行》原作《琵琶引》。白居易还有《长恨歌》。_____是古代歌曲的三种形式，后成为_____的一种体裁。三者虽名称不同，实则大同小异，常统称"＿＿＿＿＿"。明朝胡震亨《唐吉癸签》说，"歌"是＿＿＿＿＿，"行"是"衍其事而歌之"，是一种具有＿＿＿＿＿的歌辞。其＿＿＿＿＿、＿＿＿＿＿一般比较自由，形式都采用＿＿＿＿＿、＿＿＿＿＿、＿＿＿＿＿的古体，富于变化。

2. 诵读诗歌，为下面加点字注音

铮（　） 悯然（　） 转徙（　） 浔阳（　） 瑟（　）

声声思（　） 捻（　） 霓裳（　） 衣裳（　） 红绡（　）

钿头银蓖（　） 谪居（　） 还独倾（　） 间关（　）

呕（　） 哑（　） 嘲（　） 哳（　）

3. 自学小序

（1）解释下面的字词句。

① 左迁：＿＿＿＿＿

② 明年：＿＿＿＿＿

③ ……者：＿＿＿＿＿

④ 铮铮然有京都声：＿＿＿＿＿

⑤ 倡女：＿＿＿＿＿

⑥ 命酒：＿＿＿＿＿

⑦ 憔悴：＿＿＿＿＿

⑧ 转徙：＿＿＿＿＿

⑨ 恬然自安：＿＿＿＿＿

⑩ 斯人：＿＿＿＿＿

⑪ 是夕始觉有迁谪意：＿＿＿＿＿

⑫ 因为长句：＿＿＿＿＿

⑬ 命曰：＿＿＿＿＿

（2）概述小序的内容及作用。

＿＿＿＿＿＿＿＿＿＿＿＿＿＿＿

（3）自读全诗，利用工具书，解释下面加点的文言词语。

① 闻舟中夜弹琵琶者。＿＿＿＿＿

② 商人重利轻别离。＿＿＿＿＿

③ 歌以赠之。＿＿＿＿＿

④ 血色罗裙翻酒污。＿＿＿＿＿

⑤铁骑突出刀枪鸣。古：_____ 今：_____

⑥暮去朝来颜色故。古：_____ 今：_____

⑦凄凄不似向前声。古：_____ 今：_____

⑧似诉平生不得志。古：_____ 今：_____

⑨凝绝不通声暂歇。古：_____ 今：_____

⑩老大嫁作商人妇。古：_____ 今：_____

⑪整顿衣裳起敛容。古：_____ 今：_____

⑫钿头银篦击节碎。_____

⑬家在虾蟆陵下住。_____

⑭曲终收拨当心画。_____

（4）解释下面的多义词。

①言：感斯人言；凡六百一十六言；自言本是京城女

②命：遂命酒；命曰《琵琶行》

③是：是夕始觉有迁谪意；自言本是京城女

④为：因为长句；初为《霓裳》；为君翻作《琵琶行》

⑤语：琵琶声停欲语迟；今夜闻君琵琶语

⑥轻：轻拢慢捻抹复挑；商人重利轻别离

⑦暂：凝绝不通歌暂歇；今夜闻君琵琶语，如听仙乐耳暂明

⑧泣：满座重闻皆掩泣；座中泣下谁最多

4. 分析下面文言句式的特点

（1）歌以赠之：_____

（2）尝学琵琶于穆、曹二善才：_____

（3）转徙于江湖间：_____

（4）问其人，本长安倡女：_____

（5）使快弹数曲：_____

（6）送客湓浦口：_____

（7）感斯人言：_____

5. 梳理课文内容

（1）全诗按时间顺序分为五部分。

①_____

②_____

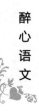

③＿＿＿＿＿

④＿＿＿＿＿

⑤＿＿＿＿＿

（2）诗歌是怎样描写音乐的？

_____

（3）通过叙事塑造了几个人物形象？

_____

（4）"相逢何必曾相识"，是什么使素不相识、萍水相逢的诗人和琵琶女联系在一起的？

_____

三、教学过程实录

第一课时

（此课由学生自主学习、自主讨论，完成有关作者、诗作背景、诗体及字词的知识掌握，初步了解诗歌内容，质疑问难，提出分析鉴赏的疑难问题）

（1）播放《琵琶行》的朗读音频，以美妙的音乐旋律和诗歌意境感染学生，使学生受到美的熏陶。

（2）启发导入：《琵琶行》这首七言叙事诗，是初唐以来七言歌行体的代表作，带有很强的抒情性。由于叙事与感情的结合，本诗优美动人，可以说是我国古代叙事诗又一新的高峰。本诗在诗人生前就已广为传诵。所谓"童子解吟《长恨》曲，胡儿能唱《琵琶》篇"。千百年过去了，时至今日，仍感人肺腑；当然，我们这些现代的"童子""胡儿"更是远胜于昔日，下面就把课堂交给你们，按照导学案自学诗歌，并分小组交流、讨论。

［25分钟过后，学生自学完成导学案中的（一）至（五）题，然后，由小组长主持逐题交流核对；巡视中发现，有关作者及文学常识方面的题，有少数同学做得不完整，在小组交流之中参照别的同学的作业补充完整；我对他们做了批评，并提出以后作业和自学的要求；对疑难或有异议的内容小组长进行收集，全班讨论］

（3）疑难或有异议的问题班级讨论：导学案（一）至（五）中有异议的问题，在小组交流中得到了解决，但有两个问题需班级讨论。

第一，"因为长句"中关于"长句"的理解，部分学生提出了"'长句'指七言诗，是不是句子长的叫长句，那么五言诗句子短，就叫短句"的问题，对此，教师应该助其明确。

师：汉魏以来的古诗，句法以五言为主，到了唐代，七言诗盛行，句式较古诗为长，故唐人把七言句称为长句。七言句既为长句，五言句自然就称为短句。杜甫诗云："近来海内为长句，汝与山东李白好。"计东注云："长句谓七言歌行。"但是杜牧有诗题云："东兵长句十韵。"这是一首七言二十句的排律。又有题为"长句四韵"的，乃是一首七言八句的律诗。还有题作"长句"的，也是一首七律。白居易的《琵琶行》是一首七言歌行，他自己在序中称为"长句歌"。可知"长句"就是七言诗句，无论用在歌行体或律体诗中都一样。（板书：<u>唐人习惯把七言古诗和七言律诗称为长句，而把五言古诗和五言律诗称为短句</u>）但绝不要简单以为句子长就是长句，句子短就是短句。另外，长短句又是一种诗歌体裁，唐以后人又称<u>词</u>为长短句。（板书画线内容）

第二，"歌以赠之"的句式特点分析：有的同学认为是宾语前置句，"歌以赠之"就是"以歌赠之"；有的同学认为"歌"是动词，作歌的意思，句意为"作歌来赠送给她"。此题在语文界本来就有争议，教师有必要加以统一。

师：此题关键在"歌"的词性判断上，从整个句子"因为长句，歌以赠之"看，意思是"于是写了（这首）（七言）诗，作歌用来赠给她（琵琶女）"，那么"歌"，歌曲，能唱的诗，引申为动词"作歌，编歌"，应该是常式句；也有解释为宾语前置句，老师不认同。老师认为书下标注的解释有道理。

如果没有异议，下面分小组讨论导学案第六题，梳理课文内容，并提出课文理解中的疑难问题。

（学生分小组讨论交流，教师巡视，然后1、2、3、4小组推举代表分别负责一个小题在全班交流）

1组生：诗歌按时间顺序叙事，第一节浔阳江头夜送客，忽闻水上琵琶声；第二节江上聆听琵琶曲，东船西舫悄无言；第三节琵琶女自述身世；第四节作者讲述被贬生活之苦；第五节琵琶女再奏琵琶曲。（学生稀稀落落的掌声）

师：概括得比较好，如果表述的语言再整齐些，就更好了。

多媒体屏幕显示：

（1）江头送客闻琵琶

（2）江上聆听琵琶曲（邀见歌女；演奏名曲；听者陶醉）

（3）歌女倾诉身世苦（少年欢乐；晚年沦落；飘零悲苦）

（4）同病相怜伤迁谪

（5）重闻琵琶青衫湿

2组生：诗歌写了琵琶女的两次弹奏。

师插言：是两次吗？

有学生小声说：三次。

师：对，三次。第一节诗"忽闻水上琵琶声"，是第一次；第二节详尽描写了琵琶女的演奏，是第二次；第五节是第三次。好，继续。

2组生：第二节详细描写了琵琶女的演奏，写了调弦、曲名，写了演奏的过程，用了好多比喻，急雨、私语、大珠小珠落玉盘、莺语、泉流冰下难，还有银瓶乍破水浆迸，铁骑突出刀枪鸣。还写了听众的反应，是侧面描写。

师：他分析得好不好啊？（学生鼓掌）

生1：还有衬托。

生2：还有声声、续续、嘈嘈切切，是叠词。

师：补充得很好。（因为本节课仅仅是初步感知，到此也就够了）接着第三组。

3组生：这首诗塑造了两个人物形象，一个是琵琶女，一个是诗人自己。写琵琶女写得很详细。

师：客人算不算？

3组生：不算。诗中虽然提到了，但没有具体描写。

师：很好。继续。

4组生：是音乐将素不相识、萍水相逢的诗人和琵琶女联系在一起的，他们的命运有点相似，一个是京城的高等妓女，现在做了商人的妻子，沦落江湖，独守空船；诗人曾是京城高官，现在被贬，生活很凄苦。（学生鼓掌）

师：说得好。琵琶女的琵琶声，把这两个素不相识、萍水相逢的人联系在一起了。一个独守空船，借乐诉怨；一个送客江头，有酒无乐。一个善弹，一个善听，演绎了一出千古传诵的知音故事。这正如浔阳楼楹联所言（屏幕显示）：

枫叶四弦秋，怅（chéng，触动）触天涯迁谪恨；

浔阳千尺水，句（gōu，勾）留江上别离情。

师（课堂小结）：一千多年前，一个文人骚客，一个天涯歌女，因为音乐，他们演绎了一曲千古不衰的知音绝唱，其中极巧妙地融入了音、景、情和作者的人格魅力，饱蘸着丰富感情的笔触，叙述了美丽而忧伤的故事，展现了一幅幅凄美动人的图画，不愧是我国古典文学宝库中一颗耀眼的明珠。课后，同学们要好好品读，下节课我要和你们一起共同品鉴其美。

第二课时

师：同学们，苏轼在淮安写了两首诗："好书不厌百回读，熟读深思子自知。"（屏幕显示）像《琵琶行》这样的诗，每每吟诵时，便觉齿颊生香；每读一遍，便觉是一种享受。下面我来有感情地朗读，希望能使你们受到感染。

（教师朗读，学生热烈鼓掌）

师：同学们，诗歌塑造了一对备受沦落之苦、饱尝世态炎凉的人物形象。人物不幸的人生际遇，在我们的想象中不断丰满，引起我们深切的同情和对当时社会的强烈不满，从而折射出一种启真冶性的悲情美感。那么，在这首长诗（叙事诗）当中，诗人一共塑造了几个形象？

生（齐）：两个——琵琶女、诗人。

师：诗歌用最详尽的笔墨来塑造琵琶女的形象。同学们说说，作者是怎样写琵琶女的出场的。

生（几个同时）：忽闻水上琵琶声，主人忘归客不发。

生（有几个补充）：千呼万唤始出来/琵琶声停欲语迟……

师：这是什么手法？有什么好处？

生1：未见其人，先闻其声。

师：好。先声夺人，这样写有什么好处？

生1：有悬念感。

师：对呀！琵琶声有如此魅力，"主人忘归客不发"了，就会想到是谁弹奏的？甚至会想象到……

生（几个声音）：技艺这样高超，人也会很美吧？

师：说得好。那么，大家再快速浏览一下相关段落，看看琵琶女到底美不美。

（学生看书，有的用笔勾画，然后举手）

生2：琵琶女年轻时非常美丽。比如"曲罢曾教善才服，妆成每被秋娘妒"，说明她是个大美女。

师：这两句诗是对琵琶女的正面描写，不仅写她貌美，还写了她——

生2：技艺超群。

师：对。琵琶女当年是一位艳盖群芳、艺压京城的大明星，对吗？（生齐：对）还有没有这方面的描写？

生3：第2段是详细描写她技艺超群的。

生4："琵琶声停欲语迟""犹抱琵琶半遮面"也是写她美丽的。

师：为什么？

生4：有教养啊，古代只有美女怕人见才遮面的。

师：（笑）你怎么知道的？（生小声嘀咕：好像是这样的）好，大家齐读"忽闻"到"犹抱琵琶半遮面"。（生齐读）

师：这里写主人"闻""忘归""移船""邀""千呼万唤"等一连串动作，既写出主人要见到琵琶女和听琵琶女弹奏的急切心情，当然也透露出琵琶女的非同一般；"琵琶声停欲语迟""犹抱琵琶半遮面"则是准确生动地表现了她含羞的神态和自惭身世的那种复杂沉重的心理，写得形神具备、含义深邃。那她为什么会是这样的呢？大家再速读一遍第3段，找找答案。

（学生浏览课文，有的用笔勾画，有学生举手，教师点名发言）

生5（女）：因为她的生活发生了变化。原来她红极一时，被人羡慕嫉妒，富家子弟都追求她；后来她弟弟从军走了，姐妹也死了，她人也老了，不美丽了，富家子弟也不理她了，再后来就嫁给了一个商人，商人还不珍惜她，她只好天天守着空船，哭哭啼啼，过着孤独凄苦的生活。

（学生鼓掌）

师：她说得很好。是啊，琵琶女由一个艳盖群芳、艺压京城、人妒人捧、年年欢笑的大明星，沦落为一个年老色衰、门前冷落、委身商人、独守空船的孤苦女子（屏幕显示楷体字），这样的形象还美吗？

生（七嘴八舌）：还美，凄苦美、悲剧美、悲惨性的美。（其中也有"不美了"的声音）

师：是的，从外表上看，是红颜消退，不美了；但从人物的内涵看，琵琶女的人生本就是一个悲剧，人物形象具有凄苦美。琵琶女是一个才貌双全，在封建社会中被摧残、被侮辱的歌女形象。琵琶女对自己的凄凉遭遇、人情冷暖、世态炎凉，表达了积聚已久的愤懑之情，以此控诉了世人的重色轻才、重利寡情，通过民间的变化反映了社会的炎凉、动乱，控诉了黑暗的社会，触动着读者的心灵。（屏幕显示楷体字）

师：诗人是用哪一句诗句将自己与琵琶女连接在一起的？

生（齐）：同是天涯沦落人，相逢何必曾相识。

师：白居易为什么会发出这样一声哀叹——同是天涯沦落人？白居易和琵琶女之间有什么共同的命运？（屏幕显示）请看书。

（学生看书，教师提示：从乐伎与诗人的人生历程中来寻找答案：早年与现在）

学生发言后，屏幕显示：

乐伎：早年的境况是"艺压京城、艳盖群芳"（色艺双绝）；

现在的境况是"年老色衰、漂泊憔悴"（委身商人）。

诗人：早年的境况是"身居高位、名动京师"（高官厚禄）；

现在的境况是"谪居卧病、飘零天涯"（沦落凄凉）。

他们有着相似的经历：都是由"盛"（风光无限、春风得意）而"衰"（沦落天涯、境况凄凉）。

琵琶女用一支琵琶曲向人们倾诉了她坎坷曲折的人生，白居易用文学艺术形象地再现了琵琶女精湛的演技，又尽情地倾诉了自己的悲愤之情，是"音乐"将他们联系在了一起。

师："男儿有泪不轻弹，只因未到伤心时。"现在，我想大家一定不难理解诗人白居易为何在一个素不相识的琵琶女面前泪洒青衫了吧？

生6：是的。诗人一方面是同情琵琶女，为琵琶女的不幸流泪；另一方面是想到自己的遭遇，感到痛苦而流泪。

师：说得好。诗人泪洒青衫，主要来自两个方面：①伤琵琶女。正如诗中云："我闻琵琶已叹息，又闻此语重唧唧。"琵琶女愤激幽怨的曲调本就引发了诗人情感的共鸣，在听了琵琶女对苦楚身世的倾诉后，更是激起了诗人深深的怜悯。②伤己。诗人才华横溢，誉满天下，然而今朝沦落，幽愁悲愤；再加上朋友一别，更感孤寂难耐。人悲，己怜，"同是天涯沦落人"。

伤人、伤己，两重感伤交融一体，积累沉淀，诗人怎能不悲怆满怀，泪洒青衫？所以诗人在今日听到震撼自己灵魂的琵琶曲后觉得一发不可收拾，请求对方再弹一曲，并且答应为她谱写歌词。

生齐读课文最后一段。

师：此时琵琶女是什么反应？

生（齐声）：良久立。

师：可以想象她的表情吗？

生7：满含泪水和吃惊，望着白居易。

师：这里有个问题，琵琶女又弹了一遍曲子，诗人哭泣也说得过去，可为什么其他人也哭了呢？这有点难度，请大家好好思考。

（生小声交谈、讨论思考）

师：发挥你的想象力，在中唐那个黑暗时代，白居易的朋友们又会怎样呢？

生8：他们的遭遇和诗人可能差不多，因此也被琵琶女的琵琶声触动了，哭泣起来。

师：你是说他们可能也是被贬谪的人，只不过这里是从诗人的角度去写的作品，其实在座的许多人境遇是类似的？

生8：是的。

师：很好。这就是想象力，在一个潜规则下的想象力，有说服力。那为什么诗人流的眼泪最多呢？

生（七嘴八舌）：可能他的感受最深吧。

师：是的。为什么我们会尊敬白居易？为什么我们会热爱白居易？因为他是一个有良心的诗人，他只是说了一句正确的话就被贬谪到这里，他并没有犯错，却沦落到这个地步，从中央贬谪到江州做司马。注意这个司马绝对不是"左司马曹无伤"的司马，那是掌管军中的要职，而这个是九品闲职。

师小结：诗歌成功地塑造了两个人物形象，一个是处于封建社会底层的艺伎，另一个是被压抑的真正的知识分子，虽地位悬殊，但在这风清月白的环境下自然产生强烈的感情共鸣和交流，成为知音。二者的遭遇揭示了封建社会压抑人才、不容贤能的黑暗。"同是天涯沦落人，相逢何必曾相识"蕴含着许多能使人从悲哀中品出甘美的人生哲理，已超越时代、阶级的局限，成为后世饱经忧患的人邂逅时的共同心声。（屏幕显示楷体字）

师：我们现在就来说一下本诗中描写音乐的段落是哪一段。

生：第2段。

师：好，现在大家就大声朗诵一下第2段，理解性地融入你的感情。

（师领读："寻声暗问弹者谁……一二"，生齐读。"寻声暗问弹者谁……"）

师：好！大家说，我们刚才的朗诵能不能再现诗人的情感？

生：不能。

师：我也觉得好像还有一点距离。你们觉得哪些地方应该怎么读，才能准确地传达诗人的情感？

（学生思考，有人准备发言，教师提名）

生9：我觉得，"银瓶乍破水浆迸"应该读得重一点、快一点，"东船西舫悄无言"应该读得低声些、轻缓一些。

师：示范一下。

（生示范。师评：情感把握得很好）

生10："弦弦掩抑声声思，似诉平生不得志"，应该读出情感，应该是伤感的。

师：好，给大家示范一下。

（生示范。师：很好，请坐）

生11："寻声暗问弹者谁"，说明诗人迫切地想知道答案，却又怕惊扰了琵琶女的雅兴，断了琴弦，他想一听为快。

（师：你给大家读一读读？生读）

师：好，下面大家再有感情地齐读一遍。

（师领读："寻声暗问弹者谁……一二"，生齐读。"寻声暗问弹者谁……"）

师：这遍感觉怎样？

生（齐）：有味儿多了。

师：课下自己多读读，深味涵泳，方得其中美味。同学们，音乐并不像高耸入云的山峰、奔腾不息的河流、葱郁苍翠的林木那样形象可感，它有声无形，缥缈得难以捕捉，而白居易的这段音乐描写可以说达到了出神入化的境界，可感可触，美妙绝伦。那么，他又是怎样进行描写的呢？

（学生思考，小声交谈、讨论，教师指名）

生12：先交代了弹奏的曲名：初为《霓裳》后《六幺》，都是当时最著名的曲子；接着用比喻手法，如"急雨""私语"，表明节奏时而急骤，时而舒缓；又用了"大弦嘈嘈如急雨"，表现了曲调的高高低低，清脆圆润，美妙动听；有比喻"间关莺语"，婉转流畅；又用"泉流冰下难"比喻曲调幽咽低沉，用"银瓶乍破水浆迸，铁骑突出刀枪鸣"比喻音乐激越雄壮，高亢激昂，震撼心魄。所以作者善于运用比喻把抽象无形的音乐变成形象可感的物体，给人以美妙绝伦的美感。（学生鼓掌）

生13："转轴拨弦三两声，未成曲调先有情。弦弦掩抑声声思，似诉平生不得志"，也是音乐描写。

师：哦？说说看。

生13：说明琵琶女是个弹奏高手，技艺高超，她把感情都融入音乐中去了。她不仅是在演奏乐曲，更是在倾诉自己的内心情感，在讲述她的不幸遭遇、她的哀愁。

师：说得好不好？（生齐声说"好"并鼓掌）

那么，"东船西舫悄无言，唯见江心秋月白"是不是音乐描写？

生14：是。

师：讲讲道理。

生14：这是衬托描写，琵琶女的演奏结束了，现场一片静寂无声，说明大家都被琵琶女演奏的音乐深深吸引了，仍沉浸在音乐的美妙境界中，没缓过神来。

师：对！前面的都是正面描写，这两句是侧面描写，也是衬托，这是什么效果？故事中有一句成语，是什么来着？

生（部分）：余音绕梁。

师：对，就是这个效果。现在大家闭上眼睛，想象一下当时的情景。

（学生想象，教师动情地描述）

琵琶女饱含内心情感的演奏结束了，这时，东船西舫的人们仍沉浸在美妙的音乐中，悄然无声；只见茫茫的江面上，微波荡漾，落花慢慢漂流，那轮悬在天空中的明月倒映在水中，带着忧愁，弥漫着凉意，这是一个凄清和悲凉的意境，引发了每一个人内心的郁闷和苦痛。这是怎样一个凄清的气氛，又是怎样高超的弹奏技艺，给人造成余音绕梁的感觉！这又是怎样的一种视觉和听觉融合得美妙绝伦的境界！

（学生进入教师的描述之中，然后鼓掌）

师：这段音乐描写用了正面描写与侧面描写相结合的手法，用了大量形象的比喻，在描写中融入了情感的描写。此外，还用了哪些手法？

生15："嘈嘈切切""幽咽"，能把音乐的韵律和节奏表现出来，也是一种手法，叫叠韵。

师：对，是双音叠词。还有没有？

生16：还有对比手法，有声和无声、动和静相结合的方法，初中时老师讲过。

师：现在老师总结一下，本段音乐描写的手法有——

第一是正面描写与侧面描写相结合的手法；第二是运用了大量形象生动的比喻，把音乐的音高、节奏、旋律用画面形象地写出来，给人以无限的联想；第三是用双声叠韵词手法，"嘈嘈切切""幽咽"，把音乐的韵律和节奏表现出来；第四是运用了对比，有声和无声、动静结合的方法；第五是运用心情来表现音乐，如"弦弦掩抑声声思，似诉平生不得志"，表现了心情的压抑，可以体会到弦声的低沉；第六是把无形的音乐化为有形，有了画面感，诗人把抽象的东西具体化、形象化地表达了出来，并能区分音调音色的变化，真是妙不可言。（屏幕显示）

师：清人沈德潜在《唐诗别裁集》中评价这首诗是"以江月为文澜"。（屏幕显示楷体部分）请同学们快速浏览课文，找出诗中有关"月"意象描写的句子。

（学生快速浏览，画出相关句子）

生（七嘴八舌）：①醉不成欢惨将别，别时茫茫江浸月。

② 东船西舫悄无言，唯见江心秋月白。

③ 去来江口守空船，绕船月明江水寒。（屏幕显示）

师：同学们，在我国古代诗歌中，"月"不仅是光照寰宇的一个普通星体，同时也是一种情韵悠长的文化象征，她负载着中华民族深刻的文化内蕴，展示了诗人难以言表的情感历程。因而望月思乡、望月怀人、望月感怀几乎成了诗词中的永恒主题。（屏幕显示楷体部分）如果我们细品诗中三次月亮意象的描写，就会对诗人真挚的感情、精巧的艺术手法体会得更加深刻。

下面，先把"醉不成欢惨将别，别时茫茫江浸月"翻译出来，再结合语境，展开想象，描述一下，这是一幅怎样的画面。

（学生在草纸上动笔，有人举手，教师让他说）

生17：酒喝得不痛快，更伤心将要分别，临别时夜茫茫，江水倒映着明月。（学生鼓掌）

师：结合语境，展开想象，描述一下，这是一幅怎样的画面。

生18：秋风瑟瑟，枫树叶和芦苇花随风飘零，一片肃杀景象。天黑了，夜幕降临，诗人陪着朋友来到江边，下了马，上了船，摆下酒菜，可是知心朋友要分别，心里留恋不舍，举起酒杯要喝，可没有音乐，怎么喝得下呀！这时，向江面上望去，只有一轮凄冷的明月在江水里荡漾。（学生鼓掌）

师：很好。他为我们描述了一幅多么凄冷苍凉的图画！瑟瑟之秋，万物萧落，本就有几许凄凉；季节变换，时序更迭，可是贬期无尽，又添几分愁苦；他乡遇故知，可能给愁苦的诗人带来一丝暖意，一点慰藉，可是眼下友人又将别去；本想借酒消愁，用酒精的麻醉换得一时的高兴，可是醉是醉了，却没有一点欢愉。诗人的贬谪之愁、伤秋之愁、离别之愁、难欢之愁叠加纠缠，诗人此时的心境可想而知。推窗望去，寒江茫茫，水波不兴，只见江浸秋月，这不正像诗人被世事纠缠的状态吗？月色溶在江面泛起的水汽中，白茫茫一片，这不正是诗人此时心中愁苦迷茫的写照吗？所以，诗歌的开头就为我们描写了一轮愁苦之月。

师：我们前面从手法角度赏析了"东船西舫悄无言，唯见江心秋月白"，下面结合语境，展开想象，描述一下，这是一幅怎样的画面，动动笔，整理好语言。

（学生思考，在草纸上写）

生19：这句的意思是说"东面和西面的画舫与游船都静悄悄的，只看见江中心映着的秋月泛着白光"。这是作者描写琵琶女高超技艺的句子，通过侧面烘托，让读者感受到琵琶女的高超技艺。

师：是啊，前面欣赏过了。"唯见江心秋月白"句中的"月"究竟是一个怎样美丽的意象呢？

生19：秋月映江，一片苍白，这月是白的，我觉得，好像江水也和人们一样静悄悄的。白呢，应该是写月光很亮；白，也写月亮空白吧？好像与人的情感也有关系吧？

师：一切景语皆情语也，你的思维方向很正确。想想，琵琶女用自己高超的琴艺，融进自己半生生活的深刻感受，弹出了一曲叩问生活、质问生命的悲凉之曲。这个意象写在诗人听曲之后，周围一片静悄悄，他会想到什么？他的内心能平静吗？

生19：是不是诗人从琵琶女的演奏中听出了琵琶女的凄惨遭遇，因而也想到了自己正直忠心却被贬，流落江湖，远大志向不能施展，感到悲伤，大脑一片空白？

师：（笑）是啊。"同是天涯沦落人，相逢何必曾相识"，使人感到困惑，抬头望去，只见秋月映江，一片苍白。人生不如意事十之八九，世事难料，芸芸众生浮浮沉沉，到底是为什么？问月月沉默，问江江无语。一个"白"字，突出了月色的明亮，江水的平静，夜色的静谧；更表达了诗人心境的空白、苍白、迷惘。所以，这里的"月"是迷惘之月。

"去来江口守空船，绕船月明江水寒"，是琵琶女自述自己的遭遇，后一句是写她见到的景象。请描述一下。

生20：独自守着渔船，等着心上人，看着来来往往的船只；只见一轮明月当空，清白的月光照射在清冷的江水上，透出丝丝寒意。（学生鼓掌）

师：描述得形象生动，很好。孤单色衰的才女站在船上，月明江寒，愁苦满怀，多少个日日月月，多少个年年岁岁，无尽的渺茫的守望。痴痴望月，心寒更觉月凄冷。所以这一个"寒"字……

生21（抢答）：也写出琵琶女内心的寒，凄苦冰凉。

师：对。这个"寒"字，写出了月色的寒冷，也写出了夜之深，江面景色之冷，更写出了琵琶女心境之寒。应该看到，这是诗人用心体会的结果，是诗人对琵琶女怜悯之情的象征，所以，这里的"月"是悲悯之月。

师小结：诗人三次写月，不仅仅是情节发展的暗示，更重要的是赋予了它凄苦、迷惘、清寒的韵调，是诗人情感变化的标志，其三度唯美让《琵琶行》所抒写之情更美；凄冷的意境，一幅幅美妙的画面，使这首叙事诗的内涵更深、韵味更足。

下课。

人教版必修四宋词单元整体教学策略初探

深圳市盐港中学　李　昱

人教版普通高中语文必修四第二单元为宋词单元，分析一下教材所选篇目，不难发现，教材中所选择的柳永、苏轼、辛弃疾、李清照四位作家，是宋词发展史上不容忽视的四位，他们的写作背景、词作内容、创作风格均对宋词的发展产生过至关重要的影响，甚至可以这么说，由他们四位串联起了整个宋词史。而所选的这四位作家的词作，均是他们的代表作品，有强烈的个人特征，也都称得上是宋词史上熠熠生辉的名篇。

将一组文章结合起来进行讲解已经成为目前语文教学的建议与方向，从单独的"一篇"扩展到"一群"，能够更好地帮助学生理解讲授内容。

既然人教版教材的编者有意将这几篇词作放在同一单元，那我们就应该充分运用这一优势，利用好教材，尽可能挖掘教材内容。教师在讲授这一单元时，不能仅仅停留在单篇词作的分析教学上，还需要有整体意识，在讲解完单篇作品后，进行单元的整体分析，从宏观上对整个单元涉及的作家与作品进行串联，为学生构建起一个宋词学习的网络框架，使学生对宋词产生深入的了解。

因此，对必修四第二单元进行整体教学，是新课改的趋势，也是帮助学生更好地了解宋词的要求。那么在讲解完这些词作之后，教师该如何从宏观角度布局，对这些文章进行整合讲授呢？我认为可以从以下几个目标着手制定教学策略。

一、厘清词在宋朝的发展脉络

词作为一种文学体裁，虽然萌芽于南朝、兴起于隋唐，但直到宋才进入全盛时期，因此只有研究好宋词，才能真正感受到词作品的魅力与它承载的文学功用。教材中选入的四位作家，按时间顺序，自柳永始，依次为苏轼、李清照、辛弃疾，他们以其鲜明的个人特色，由北宋初至南宋，串联起了整个宋词的发展。

柳永是第一位对宋词进行全面革新的词人。北宋初期的词主要是延续了晚唐五代的词风，柳永的词作虽然大部分也是讲男欢女爱、相思离别，但他创制了一种新词，即长调慢词的出现。词至柳永，形式与体制更为完备。

苏轼将词的文学生命进行延长。词最开始在音乐中产生，有不同的词牌，是要进行配乐演唱的，因此词的音乐性远远强于文学性，也正因为这样，词作品最开始并不能登上大雅之堂。而到了苏轼，他开始将文学性更多地注入词作中，词才逐步摆脱了音乐的桎梏，有了文学的内涵。

李清照在词体的演变中独创一格。整个中国文学史上女性文学家留名的并不多，而李清照算是其中的佼佼者。"易安体"的出现，以独特的角度为词赋予了新的特征。

辛弃疾将词的创作推到了新的高度。辛弃疾作为南宋最伟大的词人，在整个词史上具有划时代的意义。他笔下的词作品，境界开阔，创作手法多样，不管是词体还是内容，都得到了空前的解放。

所以，教材中选入的这四位作家，每个人身上都体现着对于词作发展的重大意义，纵向串讲，能够更好地帮助学生感受宋词的发展变化。

二、体会宋词两大流派的差异

豪放派与婉约派是宋代词坛的两大流派，豪放派词作创作视野广阔，整体恢宏雄放；婉约派则侧重儿女风情，讲究结构的深细缜密和音律的和谐婉转。而教材中选入的作家作品刚好能够很好地为学生展示何为"豪放"，何为"婉约"。

宋代词坛两大流派的代表作家，必然为辛弃疾与李清照，他们二人被称为"豪放词之鼻祖，婉约词之正宗"，不论是"把吴钩看了，栏杆拍遍"，还是"千古江山，英雄无觅"，都能感受到一股慷慨直率，"东篱把酒黄昏后，有暗香盈袖""梧桐更兼细雨"的柔婉之美浮于纸面。而辛弃疾又是上承苏轼豪放之词风，柳永通过自己的词作表达对女性生活和感情的关注，也是婉约派一大家。针对教材中选取的这八篇词作，教师可以让学生通过对它们的赏析，感受两大词风的不同。

三、尝试鉴赏词作的创作手法

分析宋词单元的这八篇作品，可以发现它们表达了不一样的思想主题。有描写城市富庶的《望海潮·东南形胜》，抒发赠别之情的《雨霖铃·寒蝉凄切》，有咏史怀古的《念奴娇·赤壁怀古》和《永遇乐·京口北固亭怀古》，有表达人生信念的《定风波·莫听穿林打叶声》，也有表达爱国之情的《水龙吟·登建康赏心亭》，还有寄托思亲之情的《醉花阴·薄雾浓云愁永昼》和抒发国破家亡之感的《声声慢·寻寻觅觅》，即本单元的作品从写景、写人等方面分别进行了情感的抒发。如果教师能够对每一类词作经常使用的表达手法进行归纳总结，在潜移默化中让学生掌握鉴赏该类作品的基本方法的话，那么学生对于词作的学习就会更进一步。

教师还可以借此帮助学生分析词作的章法，依靠这些作品，有意让学生注意重点位置上相关词句的作用，从而感受词的写作方法。比如词的开篇第一句，往往揭示出所咏主题："东南形胜，三吴都会，钱塘自古繁华"，直截了当地写出了杭州位置的重要；下阕首句往往承上启下，为抒发作者感情做出铺垫："料峭春风吹酒醒，微冷，山头斜照却相迎"，既与上阕的风雨相呼应，又将内容转化为雨后天晴的描述，为抒发人生感慨做好准备；词的最后一句往往是全诗总结，点明词作主旨："这次第，怎一个愁字了得"，明确将作者之"愁"见于纸上。

四、感受词人间创作的继承与发展

文学创作往往会不自觉地受到其他作家作品的熏陶，一般情况下，前期词人会对后期词人产生影响，教材中涉及的四位作家便是如此。

以四人中出现时间最晚的辛弃疾为例，苏轼之于辛弃疾，同样为豪放派词作家，必然会有其豪放风格的继承，但是相对早期的婉约派李清照，也对辛弃疾产生了影响。杨敏如在《李清照词浅论》中提道："辛弃疾吸收了爱国词人的传统，应该包括李清照的影响。"李清照虽为婉约派作家，但她与辛弃疾一样，均感受到了朝代的变迁，因此她的词作中也有对英雄气概的赞扬、对国家灭亡的感叹，辛弃疾自然会与李清照的词作产生心理共鸣，从而创作新词表达战士报国无门、请缨无路的沉郁愤懑与豪气干云。

综上所述，教师在讲解人教版必修四第二单元的宋词作品时，不能局限在单篇词作、单个作家的教授上，要树立整体意识，以一条时间线来纵向连接这些作家作品，从宋词的发展、豪放派与婉约派的不同、词作的创作手法和词人间的继承发展等角度综合讲解，让学生对宋词的学习更加深入。只有这样，才是对教材的充分利用，才能使宋词单元的学习更有意义。

第二章 教学方法

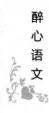
以写促学，以学促悟

——古代人物传记教学初探

深圳市盐港中学　傅华丽

　　文言文阅读一直是高中语文教学的重点和难点："重"在文言文是构成中华文化的基础，亦是解密中华文化的钥匙；"难"在古今之间需要跨越与对话，文白之间需要转换与理解。因此，夯实学生的文言基础，激发学生的文言热情，提升学生的文言素养，不仅是确保文言文教学质量的前提，也是促进学生智育、美育、德育发展的要义。

　　古代人物传记作为文言文的一个重要分支，是高中语文教材的重要组成部分，近些年更是备受高考命题者的青睐。然而，文言传记类的教学现象不容乐观，学生闻文言而变色、读传记而生畏的心理已成常态。故此，如何有效、实效、长效地让传记类文言教学激发动力、焕发活力，已是当前课程改革中亟须解决的议题。本文从实际工作经验出发，紧扣"写"与"悟"两个关键词，以写促学，以学促悟，初步探索出一条高中阶段古代人物传记教学的有效路径。

一、以写促学，把握文体结构

　　人物传记是通过对典型人物的生平、生活、精神等领域进行系统描述、介绍的一种文学作品样式。从概念来看，古代人物传记具有三个特点：其一，传主的身份具有特殊性，或是王侯将相、迁客骚人，或是大家名流、奇人异士等；其二，作品多出自名家之手，描述生动，记录真实，具有很高的文学价值和史学价值；其三，传记具有鲜明的文体特征和独特的表现手法，蕴含丰富的人文精神和深邃的哲理思考。

古代人物传记教学的目的之一，是让学生学以致用，即学生不仅能通读古文、鉴赏文章，还要"认识传记作品的基本特征，尝试人物传记的写作"。此处的"写"又可分为浅层次的仿写和深层次的拟写。

1. 掌握文体结构，进行浅层次的仿写

一篇古代人物传记，从结构上大致分为生平简介、主要事迹和客观评价三个部分。其中，生平简介部分起概述作用，多是用精简的语句介绍传主的姓名、字号、家世、生卒、谥号、品行等。如《张衡传》中对传主的介绍："张衡字平子，南阳西鄂人""年六十二，永和四年卒""虽才高于世，而无骄尚之情。常从容淡静，不好交接俗人"。短短几十字，便将张衡的整体形象直观地摆在读者眼前。

由上可见，"生平简介"有固定的格式和内容，且篇幅短小，最适合仿写。一名学生曾这样介绍自己："庞家有子，人称咏晖，世居荆楚，后举家迁鹏城。咏晖少时尝望曦而叹曰：'男儿当如此！'故取表字'叹曦'。咏晖不拘小节，胸无城府，又天资聪颖，深通琴理，尤善西洋乐器梵铃，为盐港一绝。"这份自我简介交代了该生的姓名、表字、性别，还有籍贯、性情、特长等，语言简洁，表达流畅，可视为一篇合格的文言短文。

又如一名学生为其好友所作的人物简介："吾有一友，姓李名夕表字思辰，岭南揭阳人氏。其身高八尺，相貌质朴，肤黑如炭，常自嘲能隐身于夜。思辰曾呓语神游，时诵诗文，时讲公式，时练体操，举室皆惊，故送其绰号'仙人哉'。"这篇短文除了交代传主的基本信息外，还特别附上了传主的外貌特征和梦游特点等内容，描述生动，妙趣横生。

叶圣陶先生曾经指出，"写作是极平常的可是极需要认真的一件事情"，"写作是'行'的事情，不是'知'的事情"。所以，在日常的教学中，鼓励学生为自己或同学写作文言小传，对他们而言，是一个难得的"省己"契机，也是一次特殊的写作经历；对教师而言，这项活动不仅能调动学生的好奇心和积极性，而且能在一定范围内督促学生去主动完成文白转换的任务。但需要注意的是，仿写不是简单的"依葫芦画瓢"，而是"有思考的写作"，追求形类，更讲究神似。当然，这个要求在写作"主要事迹"部分时更为突出。

2. 梳理写作线索，进行深层次的拟写

"主要事迹"是一篇古代人物传记的主体，它要求作者真实、艺术地记录传主的读书仕途、生平奇遇或是所经历的重大政治事件等。学生写作这部分内容时，要抓住三个要点：其一，将传主精彩、漫长的一生融于一文时，所选材料必须真实、典型且详略得当，如《廉颇蔺相如列传》一文就选择了"完璧归赵""渑池之会"和"负荆请罪"三个历史大事件，其中又以"完璧归赵"为叙述重点；其二，记录事迹的目的是彰显传主的个性和品质，如《苏武传》中记述了苏武被流放至北海，仍"杖汉节牧羊，卧起操持，节旄尽落"的故事，借此赞扬苏武在艰辛的环境中所呈现的坚韧不拔、历久不磨的爱国意志；其三，人物传记的行文多以时间为序，如《李白传》中就有"母梦长庚星而诞""天宝初，自蜀至长安""乘酒擢月，遂沉水中"等多个时间节点，梳理时间线索，找准对应的官职变迁、地点变动等，文章的脉络便一目了然。

指导学生写作"主要事迹"时，首推假设法：抛出一个具体的情境，然后鼓励学生展开合情合理的想象和联想。比如说如下的情境："六十年后，我班的黄烁莹已是一位蜚声国内外的画家，若要为她写一篇人物小传，你会挑选哪些具有代表性的事件？你会着重表现她的何种品质和精神？"这是一个极具挑战性的问题：一位优秀的艺术家必定是德艺双馨的，在选择材料时，要考虑到"德"和"艺"双方面的需求；在确定主旨时，则要考虑"德"和"艺"之间的联系。

一名学生这样记述："戊戌年秋，烁莹始学丹青之艺，手不释笔，朝乾夕惕。逾三年，技艺精进，长于绣像，图写特妙。有长者观其画而叹曰：孺子可教，当出人头地！"另一名学生写道："时南粤遇大水，烁莹夜不能寐，捐画百幅，用作抗洪之资。后大水退去，烁莹喜极而泣，作组画以纪之。"两则片段皆有明确的中心，前者肯定了传主少年时代的才华，后者赞扬了传主崇高的爱国之情，两位作者都较好地完成了人物传记的拟写任务。

二、以学促悟，体味文章意蕴

如果说"写"是学习古代人物传记的途径，那么"悟"就是学习古代人物传记的结果。新课标对传记教学有明确的要求："把握基本事实，了解传主的人生轨迹，从中获得有益的人生启示，并形成有一定深度的思考和判断。"但是在实际的教学过程中，普遍存在着重视考点训练而轻视主旨探究、强调知识积累而忽略文化传承的现象，教师往往把一篇古代人物传记作为普通的文言课文或者考试习题进行教学，以致课堂零碎、枯燥、沉闷，很难泛起思维的涟漪。众所周知，语文教学绝不能止步于"学"，还当有思维的拓展和延伸，即"悟"。此处的"悟"又分为作者的感悟和读者的思悟。

1. 品读作者的评价，揣摩文章的写作目的

无论是作者公开评论传主的纪传，还是"寓褒贬于记述之中"的志传，都含有"客观评价"的部分。如太史公在《孔子世家》文末的点评："诗有之：'高山仰止，景行行止。'虽不能至，然心向往之……孔子布衣，传十余世，学者宗之。自天子王侯，中国言六艺者折中于夫子，可谓至圣矣！"在上述文字中，司马迁毫不吝惜地表达了自己对孔子的敬仰之心（心向往之）和尊崇之情（可谓至圣）。

欧阳修在《范文正公神道碑铭》一文中并未发表任何议论，但读者通过阅读"以言事忤彰显太后旨，通判河中府、陈州""公独以谓太后受托先帝，保佑圣躬，未见过失，宜掩其小故以全大德""是时新失大将，延州危。公请自守廊延捍贼，乃知延州"等情节，仍可看出作者对范仲淹刚直公正、忧国恤民的品质的赞许。

毋庸置疑，那些历经时间的淘洗仍存于当世的古代人物传记皆具有"生动的特殊性"，作者对传主或明或晦、或直或曲的评价，其内容、手法和形式都值得我们反复揣摩。

有学生在学习完《鸿门宴》一文后，对项羽产生了浓厚的兴趣，阅读了整篇的《项羽本纪》，又收集了诸葛亮、李清照、王世贞等名家点评项羽的资料，在对资料进行分类和整合后，他发现作家的写作意图不同，其笔下的项羽形象也各异：韩信认为项羽徒有"匹夫之勇""妇人之仁"；而李晚芳则盛赞项羽"羽之神勇，千古无二"；杜牧从诗人的视角审视项羽，认为其"卷土重来未可知"；王安石则以政治家的身份纵观历史，用"肯为君王卷土来"指出项羽败局已定，势难挽回……在对项羽有了更客观、立体的认识后，该学生开始思考比如"英雄史观是否合理"的问题，试图与传主展开更多的"对话"。

这就是在汲取前人智慧后所萌生的"悟"。明代教育家罗钦顺曾言"苟学而不思，此理终无由而得"，这名学生正是通过一系列自觉、自发的思考，实现了归纳与演绎的互动，并获得了一份独特的学习体验，享受了一场丰盛的精神盛宴。

2. 记录读者的爱憎，提升传记的立人功能

一篇优秀的传记不仅能让读者认识世界，还会让读者更深刻地了解人生。学生阅读完一篇传记作品后，在分析作者抑恶扬善的价值倾向之余，自身也会对传主本人或作品本身产生好恶爱憎，而正是这些情感上的触动，能帮助学生逐步树立起正确的是非观和宏大的历史观，最终实现教育"立人"的目标。

但是读者对作品的爱憎往往转瞬即逝，仍需要以"写"的方式留下痕迹，就像余映潮老师所说的"用'学习写作'的方式来教学阅读课文，能表现出'侧面入手，正面解读'的手法"。如果说浅层次的仿写和深层次的拟写更多的是在完成语言建构与思维提升的任务，那么在正面解读文本基础上的"悟"和"写"则实现了审美的创造与文化的理解。

一名学生读完《李白传》后久久意难平，于是续写了一段议论："太白之作，豪放俊迈，清新飘逸，有'砯崖转石万壑雷'之势，可堪'诗仙'之誉。世人皆曰太白恃才傲物，狂放不羁，殊不知其亦心忧天下，胸怀社稷。一颗拳拳之心，一腔殷殷之情，奈何奸佞当道，凤池渺渺。若天子许其执剑，亦可破楼兰矣。"她看到了李白的无奈与落寞，也看到了朝廷的黑暗与腐朽，对于一名高中生而言，能有这样独立、深刻的思考实属不易。

另一名学生是刘长卿的忠实拥趸，他不满《唐才子传》对刘长卿的简单记述，斟酌再三后写了一篇《刘长卿传》，文中有这样一段："长卿有身显名扬、尽忠报国之志，不料苍天不佑，小人谗之，以致身陷囹圄。然长卿不惧奸邪，不改操守，其志洁，其行芳，实清流也。长卿天赋异禀，有'五言长城'之谓，其名虽不及李杜，然清净自然之气，淡定随和之韵，独步中唐。只叹生不逢时，鲲鹏乱世难图南矣！"这名学生在文中极力称赞刘长卿的人格和才华，毫不掩饰自己对传主的喜爱之情。

从某种意义上说，传记就是一面镜子，我们以之为镜，可知兴衰，可明得失，可正品行。毕竟，学生喜欢什么样的人，其以后就可能成为那样的人。

三、结语

学习语文无非八个字：听说读写，知思悟行。高中阶段对于古代人物传记的教学，尤其要抓住"写"与"悟"两个字，以写促学，以学促悟。"写"是有意识的写，"悟"是有思考的悟，这样，我们所读过的文章才能刻骨铭心，"从所思所想出发，以能思能想启迪，向应思应想前进"，这样的"学"才是真正有意义的学。

参考文献

［1］刘凤岭.文言文教学实录［M］.上海：上海教育出版社，2006.

［2］叶圣陶.落花水面皆文章［M］.北京：开明出版社，2017.

［3］余映潮.余映潮的中学语文教学主张［M］.北京：中国轻工业出版社，2012.

［4］王崧舟.语文的生命意蕴［M］.武汉：长江文艺出版社，2016.

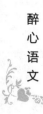
寻径探佳处：文学文本解读的有效路径

深圳市盐港中学　孔贝贝

《普通高中语文课程标准》明确指出，语文学科的核心素养是"语言建构与运用、思维发展与提升、审美鉴赏与创造、文化传承与理解"，这些都离不开学生的阅读与鉴赏活动，其中整本书阅读任务群、文学阅读与写作任务群更是对学生的文本解读能力提出了更高的要求。特级教师王崧舟曾言"细读文本应该是语文老师最重要的基本功"，孙绍振教授指出"中学语文阅读低效，几十年来一直没有得到根本的改进，问题在于文本分析不到位"。教师的文本解读能力直接关涉到语文课堂的质量与学生核心素养的培养；另外，20世纪以来西方文学理论流派纷呈，如俄国形式主义、英美新批评主义、结构主义、女性主义等竞相亮相，令人不免有眼花缭乱之感，若一味照搬西方文学理论难免会削足适履、水土不服，因此本文尝试从具体操作层面探索文学文本解读的有效路径。

一、独悟匠心，聚焦反常处

对文学文本的分析可以从语言、结构、情节、形象、意蕴等角度入手，文本的反常是指文本内容不符合一般情况下人们的认知或事物发展的规律，文学文本的反常之处多出现在语言、情节层面。

文学是语言的艺术，文学语言是对日常生活语言陌生化的结果，是对常规的颠覆，甚至在一定程度上"无理而妙"。作品的最终呈现是作家苦心孤诣的结果，福楼拜曾对莫泊桑说："你所要说的事物，都只有一个词来表达，只有一个动词来表示它的行动，只有一个形容词来形容它。因此就应该去寻找，直到发现这个词，这个动词和这个形容词，而决不应满足于'差不多'……"因此在阅读文本时，要留意作品的语言，聚焦文本中不合常理之处，做阅读的有心人。

《祝福》里对祥林嫂的称呼就看似不合常理，祥林嫂的称呼来自她的第一任丈夫，但当她改嫁给贺老六，丧夫丧子后再次回到鲁镇时，人们仍称她为祥林嫂，并不称她为贺六嫂。由对祥林嫂不合常理的称呼，可知当时不仅是封建夫权压迫女性，"一女不事二夫"的封建贞洁观也在残害女性，所以祥林嫂后来才会省吃俭用捐门槛，以减轻罪恶。同样，《阿长与山海经》中的阿长"生的黄胖而矮"，却叫阿长，显然不合常理，阿长没有属于自己的名字，她沿用了先前女工的名字，先前的女工"身材生得很高大，这就是真阿长"，阿长与真阿长的名字都是那么随意。可知"阿长"并不是一个人，而是一个群体，是生活在底层女性被忽视的真实写照；小说《荷花淀》中水生嫂问丈夫"今天怎么回来得这么晚"，水生却答非所问，"吃过饭了，你不要去拿"，而后转移话题。这反常之处写出了水生有事瞒着妻子。

情节设计的反常亦可以窥见作者的匠心。《变形记》中格里高尔一觉醒来变成了虫子，情节荒诞反常，但更不合情理的是变成甲虫的格里高尔满脑子想的都是工作，并极度害怕丢掉工作，反而平静地接受了变为甲虫的事实，这更加有力地表明了资本主义对人的异化。《装在套子里的人》中华连卡"哈哈哈"的一笑，结束了别里科夫的生命，情节的反常之处突出表现了别里科夫胆小怕事、恐惧变化的性格特点。

二、句斟字酌，发现矛盾处

文学文本上的矛盾有显性矛盾、隐性矛盾之分。显性矛盾多为词语表达上的不一致，容易被大家抓住，如北岛《回答》一诗中的"卑鄙是卑鄙者的通行证，高尚是高尚者的墓志铭"，就不符合人们的认知，现实与准则发生了严重冲突，诗歌的张力由此彰显。

隐性矛盾多为作者内在情感的前后不一致或主观情感与客观存在的不一致。细读《荷塘月色》，可以发现文中有一组反义词：宁静与热闹。《荷塘月色》一文中，朱自清因"这几天心里颇不宁静"，而走出家门去欣赏月色下的荷塘，作者在文中塑造了一个宁静的、独处的荷塘。在读者的印象中，荷塘月色是宁静的、唯美的，但真的是如此吗？朱自清同样写道："这时候最热闹的，要数树上的蝉声与水里的蛙声。"可见清华园既有宁静的一面，又有喧闹的一面，因为走出家门独处时的朱自清是个自由的人，内心宁静，才有意识地选择表现了清华园宁静的一面，所以读者会下意识地认为荷塘是宁静的。作者在段落结束时提到"但热闹是它们的，我什么也没有"，果真如此吗？下一段朱自清就宕开一笔，写起了六朝时采莲女的事情，并说"那是一个热闹的季节，也是一个风流的季节"。朱自清暂时逃离了现实世界，"一个人在这苍茫的月色下，什么都可以想，什么都可以不想"，超出了平常的自己，获得了精神上的自由，所以思维才会有如此大的跳跃，才会联想到六朝时采莲女的事情。抓住宁静与热闹这组看似矛盾的词语，便可以快速帮助读者把握朱自清的情感。

三、想象还原，揣摩留白处

文学作品的留白是对读者的重要提醒，读者需要体会其言外之意，进行想象还原。马丁·海德格尔在《艺术作品的本源》一书中提道："作品的被创作存在只有在创作过程中才能为我们所把握。在这一事实强迫下，我们不得不深入领会艺术家的活动，以便达到艺术作品的本源。"对文本进行历史语境还原，能有效缩短与文本的距离，进入文本的核心——情感。历史语境还原，即知人论世，了解文本创作的时代背景、作家的生平、作家的文学主张及创作理念等，如在学习《峨日朵雪峰之侧》时，了解写作的背景、作者的生平经历，才能更好地理解"太阳""山海""石砾""蜘蛛"等意象，才能较准确地把握诗歌情感。

然而，文学创作来源于生活，却又高于生活。对文本不能进行历史语境还原时，就要积极调动文学想象。文学想象来自感知的变异，而变异不是乱变一气，是有相近、相似、相反的联想渠道的。尤其是中国诗歌富有暗示性，这就要求读者善于联想，培养自己的想象力。

在鉴赏诗歌时，除了积累意象、增加阅读经验外，还可以设置真实情境，以己之心度诗人之情。从一定程度上来讲，古诗反映了人类永恒而常见的感情，如离情别绪、前途未卜的迷茫、壮志未酬的伤感等。古诗的写作主题也是文学常见的母题，如爱情、死亡、战争、理想与现实的矛盾等。只不过每位诗人都有自己个性化的表达方式，但人类的情感有共通之处，创设鲜活的生活情境，能够让我们以己之心度古人之情。如干谒诗是诗人想要引起尊者的注意，可创设情境：读研时想向知名教授申请成为其学生，你需要写封邮件来表明意愿，你会怎么写？通过此情境可意识到干谒诗一般赞美尊者善于识才，渴望得到尊者的赏识，展示自己的优秀，但诗作也要避免过于谄媚，一般会写得不卑不亢，多数干谒诗表达情感的方式比较委婉。

四、对比研读，勾勒关联处

"有比较，才有鉴别；有鉴别，才能深入认识事物的特点，掌握其规律。"单篇阅读有时过于琐碎，文本之间的对比研读反而更有助于理解文本的意蕴。文本对比研读的困难之处在于不易找到不同文本之间的关联处，并同时读出每篇文本的差异性。

不同文本之间的关联处可能是文本的共同意象。这种情况只需撷取其中的重要意象进行对比阅读，操作上比较容易，但需要教师打破常规，摆脱以往的教学思路。如将《春江花月夜》《赤壁赋》对比阅读，"水"和"月"都是这两篇文本的重要意象，作者借助"水"和"月"的周而复始来表达对宇宙永恒、人生短暂的思考；又如《我与地坛》《项脊轩志》都描写了对作者来说比较重要的建筑，在地坛和项脊轩中寄托了其深厚的情感。

不同文本之间的关联处可能是文本的取材。取材类似，但不同文本的表达可能千差万别。体裁不同，同样讲述唐明皇与杨贵妃爱情故事的《长恨歌》与《长生殿》表现手法就不同。《长恨歌》是诗歌，抒情性更强，更多描绘李杨之间感天动地、缠绵悱恻的爱情；《长生殿》作为戏剧，冲突性更强，有不少篇幅写李杨之间矛盾冲突的情节。又如鲁迅《祝福》中的祥林嫂与契诃夫短篇小说《苦恼》中的马夫，都经历了丧子之痛，但两位作家对内容的处理却不同。《祝福》中的祥林嫂反复向人们述说阿毛的故事，旁听者先是感兴趣，最后厌倦了这套说辞；《苦恼》中生活困苦的老车夫姚纳急欲与人倾诉丧子之痛，却无一人愿意倾听，最后只能说给自己的马听。鲁迅与契诃夫虽然都揭露了底层民众悲惨无援的现实处境，但鲁迅是通过写听众的残忍冷漠来展示祥林嫂的孤苦；契诃夫以军人、三位年轻人、仆人甚至年轻马夫都不倾听他的痛苦经历来反映底层民众的卑微及人与人之间的冷漠自私。

不同文本之间的关联处可能是文本的意蕴。这类文本具有相同主题，可先找到文本的重要句子或重要意象进行关联，然后进行差异化阅读。如《归园田居（其一）》《荷塘月色》《我与地坛》这三个看似毫无关联的文本都

第二章　教学方法

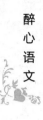

表达了作者对现实世界的逃离，对精神世界的找寻。《归园田居（其一）》写的是古代文人在社会黑暗、个人抱负无法施展时归隐田园，逃离官场，在自然中找到了精神的归宿；《荷塘月色》写的是现代知识分子想要"到另一个世界去"，渴望自由，想要超脱现实而不能；《我与地坛》写的是当代知识分子在遭受了身体的残缺后想要去往"逃避一个世界的另一个世界"，并在此过程中汲取了顽强生活与奋斗的力量。这三个文本反映了不同时期、不同际遇的知识分子在对现实产生不满后积极寻找精神世界的举动。

参考文献

［1］中华人民共和国教育部.普通高中语文课程标准（2017年版2020年修订）［S］.北京：人民教育出版社，2020.

［2］王崧舟.美在此处——王崧舟讲语文课上什么［M］.上海：上海教育出版社，2019.

［3］孙绍振.批判与探寻：文本中心的突围和建构［M］.济南：山东教育出版社，2016.

［4］于漪.于漪全集3 语文教育卷［M］.上海：上海教育出版社，2018.

［5］契诃夫.契诃夫短篇小说选［M］.朱宪生，译.杭州：浙江人民出版社，2019.

职高作文教学方式初探
——以广东省职高教育为例

深圳市盐港中学　李　昱

一、问题的提出

　　职业教育是现代国民教育体系的重要组成部分，随着经济的快速发展，职业教育的重要性越来越明显，近年来国家对职高建设的推动与发展，也促使我们将更多目光转向于此，给予它更多的重视。

　　职业高中的学生是不同于普通高中学生的一个群体，他们更注重专业技能的培养，属于某一方面的专业能手，对于语文这类普通课程，他们往往不愿意花费过多的时间与精力去学习，但大家都深知语文的重要性，职高高考也依旧是学生进入高职院校的门槛，语文的150分不容任何一个职高生忽视，这便造成一种教学困境。一方面是学生的轻视，另一方面是地位不容动摇的语文科目，如何在职高范围内进行语文教育，让职高生高效地进行语文学习，从而在考试中取得满意的分数，需要我们认真思考。

　　作文占据着语文试卷的半壁江山，对于普高学生来说尚且是一大难题，更不用说语文基础相对薄弱的职高学生了。怎样在职高课堂中进行有效的作文教学，帮助这些对语文学习兴趣不大的职高学生提升语文成绩，已成为必须解决的问题。

　　反观现阶段对语文作文教学的论述文章，其虽然数量很多，但基本都将研究对象定义为普高学生，即使有少数针对职高生的作文教学论文，也不够系统全面，不符合当下职高语文教学的实际，不能给职高教师以借鉴和思考，因此探究怎样帮助职高生完成高质作文写作是十分必要的。

第二章　教学方法

133

二、职高作文写作问题

本人多年来一直坚持在职高高三年级的一线课堂，熟知职高生作文写作问题。其弊病主要表现在以下几个方面。

1. 学生抗拒写作，试卷经常出现作文空白

60分的作文对150分的试卷来说，占据相当大的比例，然而很多职高生不愿意动笔，课下与这部分学生交流时，他们都会提到700字的作文要求对他们来说"难于登天"。我们都知道"万事开头难"，其实只要动笔，只要敢于去写开头，就迈出了成功的第一步。这类学生之所以不会写作，究其原因在于他们脑子里没有形成一个写作框架，久而久之便放弃作文，而怎样让他们愿意拿起笔来写出第一行字，便是我们要研究的第一个问题。

2. 作文语言贫乏

大部分职高生语文基础并不好，反映到作文上就是，即使他们完成了700字的考试作文，其语言也是极其平淡的，因为欠缺表达能力，行文中还会出现很多口语化词汇，词句累赘，"说"得很混乱，举例单一，会引用的只有"史铁生""霍金"这些千篇一律的素材。在基本的文从字顺的要求上，如何能让他们的作文写得生动有光彩，也成为研究职高作文教学的一大问题。

3. 作文观点不深刻，缺乏深入论述

职高生的作文往往思考不全面，仅仅是泛泛而谈，流水账似的描述，或者充字数一般的内容反复说明，没有对某一事件的深入论述，使阅卷者看来只是浮于表面的无意义谈论，这类文章无法得到高分。2020年广东高职高考语文考纲中对作文的要求，除了简单的符合题意外，重点提出"要求学生要透过现象深入本质，揭示问题产生的原因"，因此只有包含自己深刻见解的文章才能博人眼球、脱颖而出。怎样使职高生的写作达到这样的高度，便是我们要研究的第三个问题。

三、职高写作教学方法

前文已经提到职高生写作中出现的三大问题，那么在作文教学中应该怎样纠正这些弊端，让语文基础稍弱、更注重专业发展的学生在考试中写出高质作文呢？鉴于职高生语文学习的主动性与积极性普遍不足的现实，经过反复的探索与实践，我总结了三点关于职高作文写作的建议。

1. 形成四步走的分模块写作框架

前文提出的学生不去写作或者出现字数不足的现象，原因是他们脑海中没有内容，形不成写作提纲。想要学生动笔去写，必须降低学生对作文的畏惧程度，让他们看到作文题可以有话去说，因此我们需要给学生提供一套简便可行的写作框架。给职高生一个作文框架，并不是要限制他们的思维，只是为了让那些不愿意动笔、写不够字数的学生不抗拒写作，让他们觉得作文不难写。基于目前广东高职高考考查材料作文这一题型，我构建了一个职高作文四步走的分模块行文框架。

（1）概述材料

作文开头用100字左右的语言复述试题中已有的材料内容。因为这部分内容试卷中已经给出，对学生来说写作的难度大大降低，为他们之后的行文提供了良好的前提。如何进行概述呢？照抄材料肯定是不可取的，这便需要我们对学生进行材料概述能力的训练，提炼中心，关注总结句与关键字词，用简洁精练的语言写出第一部分。

（2）提出观点

概述材料之后要对材料进行分析，概述材料只是对已经发生的事件进行了一个客观描述，如何从这段文字中体现出作者本人的主观态度，就需要培养学生分析材料的能力。这一部分要写出自己对涉及的人、事持何种看法的文字，并提炼观点，循序渐进，一步步挖掘内在的话语，使文章有了主心骨，明确展示文章的主旨。

（3）论证观点

形成自己的观点之后，如何论述自己的观点成为整篇作文的核心。在这部分写作中，教师可以教导学生从是什么、为什么、怎么样的维度进行思考，涉及原因时可以从社会、个人等多个角度进行分析，除了单纯的语言论述外，也可以采用事实论证的方法，用名人的事例进行佐证。

（4）总结观点

论述完自己的观点之后，便要对观点进行总结、升华，这是文章的结尾部分。不会收束段落和以小见大、对论述进行总结升华，是职高生的弊病，匆忙收尾，忽视文章主旨，是作文中常见的问题。为此，在指导学生写作结尾时，可以建议他们在开头句率先点题，做到首尾呼应，完善行文结构，在点明主旨的同时，用具有鼓动性的语言表现出自己鲜明的主观立场。

第二章 教学方法

2. 充分利用已有知识储备

针对语言贫乏的问题，除了依靠基本的阅读提升顺畅表达度外，如何能够在短时间内给作文锦上添花呢？心理学认为，学生对已有知识进行迁移的学习态度好过单纯的新知识学习，因此可以让学生充分利用已学内容，依靠教材文本，依靠默写诗词为作文添彩。职高生的教材积累有限，课下也不会用大量时间进行阅读，因此教师应抓住课内重点篇目，在学生对内容有所印象的前提下，将作文可用素材讲透，把能用于作文中的内容一一展现。

以《鸿门宴》一文为例，对于文中出现的关键人物楚霸王项羽，课堂上教师可将他的相关事例以及众多评价项羽这一人物的写作片段展示给学生，让他们学以致用，形成作文素材，这样既可以提升学生作文的语言水平，也可以解决学生举例单一的问题。

又如，我们都知道恰到好处地引用诗句可以为作文增光，但在职高生的作文中却极少看到这些诗句，究其原因并不是他们不会背写，而是不会运用。我们需要强化他们的这种意识，将已有的知识储备充分显露出来。以《陋室铭》为例，该文为职高考纲中的必背文章，职高生人人会背，但几乎没有学生在作文中使用过其中的诗句，因此在背诵此文时，教师应该重点给学生讲授关于刘禹锡的人物经历，解释他为什么会有"斯是陋室，惟吾德馨"的人生感慨，使学生有意识地将此作为新的作文素材加以运用。

3. 进行提高思考问题能力的专项训练

针对作文缺乏深入思考的问题，我们要帮助学生学会由浅入深地去论述。课堂中可以挑选近期出现的典型事件作为训练素材，选用一节课的时间，先由学生提出各自观点，发表简短的看法，教师再补充展示优秀的评论文章供学生参考。学生便可以在已有了简单认知的前提下，接受学习深刻观点的思维方式，提高自己思考问题的水平，从而进一步完善自己的先前观点。这样做既可以为学生增加素材来源，也可以锻炼学生分析问题的能力。

四、结语

作文教学已有很多同人专家在研究，但将对象定义为职高学生的，目前的研究是不全面的。本文在围绕职高生不愿动笔写作、语言贫乏以及观点浅薄的问题背景下，有的放矢地提出了相应的解决办法，建议教师可以在职高作文教学中推进分模块写作的方式，按照"概""提""论""总"的步骤让职高生有话可说，在学生已有知识的基础上，挑选适合学生的好文好段进行赏析借鉴，加强短文训练，锻炼学生的思维能力，让职高生在有话说的基础上，能够进一步说"好"话。

总之，因特殊的课程安排与职高生自身的学习特点，教师不能进行传统意义上的作文教学，在考试分数依然是职高生进入高职院校进行深造的硬条件的现实情况下，本文提出的关于职高作文教学的内容是符合职高生特点的切实可行的方法，能够有效提升作文分数。希望本文能够对职高语文教师有所启发，共同帮助职高生提高作文分数，考取满意的高职院校。

参考文献

[1] 刘琴.职高作文教学的问题分析与对策探讨 [D].武汉：华中师范大学，2011.

[2] 杨飞.对职高作文教学改革的思考与探索 [J].科学大众·教师版，2010（12）.

第二章 教学方法

学生在课堂上"创造"错误时

深圳市盐港中学　陈梦心

在课堂教学的师生对话中，学生经常出现回答或者表述错误的现象。学生们的这些"错误"是不是应该一律视作课堂的"垃圾"而被漠视、忽略呢？我在教学实践中，发现学生们"创造"的许多"错误"，有着很高的利用价值，甚至是很好的教学资源。

比如在教学《阿房宫赋》一文时，讨论到第三小节"一旦不能有，输来其间，鼎铛玉石，金块珠砾"这个句子怎么理解时，我问同学们：有哪位同学能根据对全文的理解，说说"一旦不能有，输来其间"怎么理解？一名同学回答说："这句话是说'如果一天没有的话，就再把它抢过来'。"这个回答显然是错误的，反映出该同学没有联系上文的文意来分析，也就是本句的主语是承上文省略了（当然"一旦""输"也是重要的教学点）。笔者又问了两名同学赞不赞同这名同学的理解，他们居然都表示赞同，当然也有的同学笑了，显然不赞同。我意识到，部分学生对文言文阅读的基本要领掌握得还不好，现在这名同学为我"创造"了契机。于是，我引导同学们再读"燕、赵之收藏，韩、魏之经营，齐、楚之精英，几世几年，摽掠其人，倚叠如山。一旦不能有，输来其间"，分析"一旦不能有，输来其间"前省略的主语是什么。当大家都认同主语是"六国"的时候，便问还同意这种理解的同学请举手。（无人举手）连那位同学自己都不同意自己的意见了。这时再问同学们：正确理解文言文要注意什么？大家同声回答：联系上下文，牢牢把握句子的主语。

有时候，我们还可以为学生创造一些机会，让学生去"创造"错误，使其成为我们宝贵的教学资源，以期收获最佳教学效果。

比如，对于高考名句名篇默写，在高中三年的教学中，可以说无论是时间还是精力，对其投入都是非常之大的。可是每年高考背诵题的得分都不尽如人意，满分率不高，失分总是很严重。总结其中原因，丢分大多在于错写，会背而写错，劳而无功，令我们扼腕叹息。

高考如此，平时月考改卷时也会发现这样的问题：有的同学，所有的默写都写出来了，但是句句有错别字，结果得了零分。曾经有一名学习很刻苦的女生每次默写都写了，次次都是句句有错字。有一次，我走到她身边，还不等我说，她就流着泪指着默写题说："老师，你看，我怎么办啊？"我想了一下问她："你背诵完之后，默写过没有？"她说："我是手上写着，眼睛看着背的。"针对这种情况，在督促学生背会的前提下，为达到学生在默写名篇名句时做到"不漏写一个字，不添加一个字，不错写一个字"，我设计了多种练习，包括"易写错字练习"，收获了一定的效果，但终究不够理想。后来，在指导学生默写的教学中，我有意让学生展现他们的"错误"，然后顺势指导，效果很好。这个方法就是，在高一、高二的教学中，把含有易写错字的名句提出来，分别让平时写错别字最多的同学到黑板上书写，再针对学生"创造"的错误进行订正。比如，在指导《赤壁赋》的背诵时，学生在默写"舞幽壑之潜蛟，泣孤舟之嫠妇"这两句时，最易写错的是"壑""嫠"二字，我让三名同学到黑板上默写。结果三名同学都把"壑"字写错了，有"谷"上的"一"漏掉了的，有的把字的上部写成了"宀"，有的把"又"写成了"攵"；而"嫠"字，就有两名同学写错。这时，我让同学们看书核对，然后又让一名同学到黑板上默写，结果又把"壑"字写错了，引起了一片哄笑。我利用同学"创造"的"资源"，分析字形，进行订正教学，布置巩固练习，收到了非常好的效果。在后来的月考中，有默写这两个句子的题，我教的两个班一百多名同学，只有两名同学丢了分，相比其他老师教的班得分高出了一大截。

一点心得：对于学生在课堂上出现的错误，千万不要忽略。因为学生课堂上"创造"的错误，正是教学上的一种巨大"资源"。如果我们能够透视这些错误的潜在价值，发现宝贵的教学契机，在"错误"上面做些文章，巧妙地利用"错误资源"来开启学生的智慧，就可变"废"为"宝"，收获最优教学效果。

别忘了！哲学家黑格尔先生曾说："错误本身乃是达到真理的一个必然的环节。"

从三个维度浅谈中职语文教学的大教学观

深圳市盐港中学　张蔚薇

《中等职业学校语文教学大纲》指出，中职语文教学要贯彻"以服务为宗旨，以就业为导向，以能力为本位"的职业教育理念，"引导学生重视语言的积累和感悟，接受优秀文化的熏陶，提高思想品德修养和审美情趣，形成良好的个性、健全的人格"，最终目的是促进学生职业生涯的发展，为培养高素质的劳动者服务。因此，中职语文教学应跳出固有的小格局，解决教学理念滞后、教学方式陈旧、教学环境狭窄、教学内容浅显、教学评价单一等问题，建立具有中职教育特色的语文大教学观：以中职语文课堂教学为中心，对学生生活的各个领域进行辐射和拓展，将语文教学与学生的学校、家庭、社会有机结合起来，将"成才"教育与"成人"教育有机结合起来，将传授语文知识与发展语文能力有机结合起来，将语文教学中的智力因素与非智力因素有机结合起来，整合学生的语文能力、工作能力和生活能力，使学生接受全面的、健康的、整体的、有力的培养和训练。

本文将从三个维度对此进行简要的分析。

一、在长度上将中职语文从课堂延伸至课外

1. 从时间上延长语文

就业是中职教育的生命力，因此，很多中职学生更偏重于专业技能的培训，忽视文化课的积累，久而久之，中职群体普遍出现"低分高能"的尴尬局面。而语文作为中职教育体系中的基础学科，对学生综合职业能力的养成有着直接影响。

从时间上延长语文，并非提倡"拖堂"或是额外占用学生的课外时间，

而是力图在学生心中牢固地树立起终身学习的理念：让学生在语文教学开始前能主动地对预授内容有所了解、探究、思考和质疑；在结束语文课程后能有效地对所学知识进行回顾、消化、巩固和拓展；特别是在他们完成学业、走向社会后，还能自觉地把语文听、说、读、写、思、辨的能力融入工作、生活中，并在此过程中逐步锻造出良好的职业素养和卓越的工匠精神，完成从技能型人才到复合型人才的转变，以此来适应日新月异的时代对职业者能力不断变化的要求。是以，语文在时间上的延长是自主的，更应该是终身的。教育是一个永不停止的过程，正如孔子所言：学而不已，阖棺而止。

2. 从空间上延伸语文

在张孝纯先生看来，"生活是语文之源"，所以，对语文的学习如果仅仅停留在文本解读和课堂授受，而割裂了语文与自身以及社会、环境的联系，让学生产生"学过即忘""学之何用"的疑问，那教学结果无疑是狭隘且低效的。

从空间上延伸语文，即如朱敬本老师所言要"重视开放语文资源，拓展学生的语文实践的空间"。从教学媒介来看，打破传统教学工具的束缚，对图文、音频、影像等资料进行资源整合，作为教学的有力补充，让语文在追求新颖、活泼的同时又不失内容上的丰富和实用；从教学方式来看，从单一的教法走向多元的模式，让语文摆脱"填鸭式"教学的沉闷和呆板，回归文学的诗意与活力，让学生拥有多样化的学习体验，并刺激学生生成新的学习动机，提高语文学习的实用价值；从教学场所来看，鼓励学生走出教室、校园，依照具体需求适时地走入社会、自然，借此增加学生实际运用语文、思考语文和积累人生经验的机会。语文空间上的延伸是热闹的，更应该是深刻的。

二、在宽度上将中职语文从文本探索至生活

1. 研读教材，落实教学目标

中职语文教材由基础模块、职业模块和拓展模块三部分组成，与普通高中语文教材有所区别的是它主动淡化了"学科本位"，转而围绕"职"字做文章，具有鲜明的职教特色。

从实际学情出发，在课程三维目标的设定方面，中职语文对学生知识与技能方面的要求相对简单，在完成"培养学生基本科学文化素养"的目标

后，更注重在过程与方法环节下功夫，通过及时更新教学理念和改进教学方法，来加深学生的感悟理解，帮助其树立良好的情感态度与价值观。在学时安排上，同"语文综合实践活动"和学生的"表达与交流"相比，文本的"阅读与欣赏"占据着主导地位，旨在引导学生广泛且深入地阅读和欣赏经典作品，以达到"扩充学生的文化视野，提升学生的语文素养，提高学生的道德修养"的教学目的。毫无疑问，教材是教学之本，是课堂之本，亦是育人之本，"本立而道生"，因此，教师必须认真研读教材和教参，方能有效地落实教学目标，实现真正高效的教学。

2. 跳出教材，对话现实生活

陶行知先生认为"教材无非是例子"，这意味着我们可以重视教材，又不能拘泥于教材，更不能误将教材当课程，缩小语文的范围。高质量的教学既要立足教材，又要能跳出教材，实施拓展与关联，启发学生从文本探索至生活，与生活进行对话和谈判。

从方式来看，通过单元整合，进行群文阅读和主题学习，能有效地避免知识的细碎和孤立。如学习《我的母亲》一课时，在完成梳理故事情节和剖析人物形象的教学目标后，教师应引导学生从作者的母亲联想到自己的母亲，再联系《卖白菜》《合欢树》等文章，想到更多的"母亲"，继而系统地思考"母爱""亲情"等话题。这时候，学生不再是旁观者，而是以参与者的身份，与作者达到思想和情感上的共鸣。从意义上看，让学生看到语文在生活中的应用，体验到语文对丰富其自身生命的意义，不仅能增强学生学习语文的兴趣，更能促进他们去主动追求人生经验与意义的构建。毕竟，我们在生活中学习语文，也要让语文走向生活。

三、在深度上将中职语文从技能挖掘至生命

1. 重视语文技能的培养

温儒敏先生认为，中学语文最基本的功能是解决学生基本的读写能力，"特别是阅读的能力，还有一般信息处理和文字表达、语言交际的能力"。此外，中职语文还有一个特殊的功能要求：语文教学要为促进学生的职业发展服务。

鉴于此，中职语文教学要在综合考虑实用性、专业性等问题后，再有针对性地培养学生的语文技能：在实际教学过程中，以学生所读专业为本，尤

其重视应用文写作（自荐信、计划书、通知等）、语言运用（说话的简明、连贯与得体等）等的训练，以辅佐专业的学习，最终提升学生的从业技能；对一部分参加高职类高考的学生则要强化他们的应试技能，如题型分析、命题走势、得分技巧等，培养学生的逻辑推理、文学鉴赏、信息加工等能力，帮助他们考入大学继续深造；又因为语文课担负着德育、智育和美育的三重任务，所以中职语文实用性的进一步延伸就是服务学生人格养成和人生发展的技能，继而为学生的生命成长埋下一颗精神的种子，奠定起影响其一生的精神底色。

2. 挖掘语文的生命意蕴

语文作为一门兼具工具性、人文性和社会性的学科，不仅承担着传播语文知识、训练语文技能的责任，也肩负着"挖掘语文的生命意蕴、唤醒学生的生命意识"的使命。一如巴金先生所说："文学的目的就是要人变得更好。"

教学的对象是"人"，为了将人变得更好，必须让学生在掌握知识与技能的同时，也收获情感和人格。王崧舟老师主张语文教育"应指向人的生命本体，指向表现、创造、发展的言语人生、诗意人生"，这是因为语文本身就蕴藏着浓厚的生命意识和丰富的人文内涵，语文教学更是与个体的生命活动息息相关的。说到底，语文教学的本质就是精神教学，因而教师应怀揣着对生命的尊重和敬畏，理性且智慧地引领学生在学习语文的途中积攒忧患意识、人文精神和生命关怀。具体来说，一是让学生正视各组生命关系，不再"目中无人"，而是"心中有爱"；二是让学生认识生命、欣赏生命、珍爱生命，最终实现自身的生命价值。如果说技能的培养会提高语文的教学水平，那么对语文生命意蕴的挖掘则能促进人的灵魂成长。

综上可知，中职语文教学的大教学观，是一种极具态度、力度、速度和温度的教学理念，它将语文放在一个大的语言领域和社会环境中，以学生获得更好的身心发展为基点，从长度、宽度、深度三个维度，带领学生从结果走向全程，从知识走向素养，从授受走向表现，帮助学生完成语言体系、美学体系及价值观体系三个方面的奠基。大教学观的提出，是语文改革的必然趋势，也是学生发展的现实需求，它不仅解决了"中职语文怎么教""中职语文怎么学"的问题，也为解决"如何全面地培养中职生""如何增强中职生的综合竞争力"等问题提供了新思路和新方向，具有深远的现实意义。

参考文献

［1］李平.李平老师讲语文［M］.济南：山东文艺出版社，2011.

［2］王君.王君讲语文［M］.北京：语文出版社，2008.

［3］余蕾.语文教学与生活［M］.北京：人民教育出版社，2002.

［4］陶行知.陶行知文集［M］.南京：江苏教育出版社，2008.

［5］王崧舟.语文的生命意蕴：王崧舟诗意语文教学［M］.武汉：长江文艺出版社，2016.

第三章

教学感悟

　　中学语文教师的幸福之处，在于我们的工作对象是最单纯率直的少年，工作内容是涵泳文学艺术的精华。教材是局限的，所幸我们的经典常读常新，从孔子到鲁迅，从史传到戏剧，从《红楼梦》到《罪与罚》。"操千曲而后晓声，观千剑而后识器"，在有限的作品里，我们欣悦于人类思想的无限光亮。课堂是局限的，但我们的对话不止于课堂。数字时代的学生从来不会满足于照本宣科的权威，他们读，他们看，带着初生牛犊的无畏出走，去怀疑，去求证。校园短短的学习经历教会了他们飞扬的勇气，装点了他们远足的行囊。

　　定一个坐标，我们开始了各自的旅程。行到水穷处，坐看云起时。在泰山之巅，看日出日落；在东海之滨，看洪波涌起。厚重的文明倏忽而过，民生多舛，却生生不息；璀璨的星河天高地迥，人类的孤独如沧海一粟，唯有诗意地栖居。于是逸兴遄飞，思接千载，于是从容就笔，诉之于文。

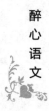
浅析《史记》中下层人物的文学与教学价值

深圳市盐港中学　陈梦心

太史公在《史记》一书中，以高超的艺术表现力，为我们展现了一幅幅波澜壮阔的历史画卷。《史记》中不仅有叱咤风云的帝王将相形象，也有为其他史著所不屑的下层人物形象。《史记》对社会底层人物的描写，再现了历史的真实，并且这些人物身上所彰显出的气节和美德，更是濡染着整个中华民族的一代代后人。因此，在高中语文课堂教学中引入对《史记》下层人物文学价值的赏析活动，确是一件有必要、有意义的事。

一、"义薄云天、快意恩仇"的刺客形象诠释信义之魂

太史公在《史记》中塑造了一群有血有肉的英雄形象。他们出身低微，却不慕当世，皆有"其言必信，其行必果，已诺必诚，不爱其身，赴士之厄困"的"信义"美德。"义薄云天、快意恩仇"就是他们的"名片"。

读《刺客列传》时，我们常常血脉偾张，胸中激荡着一股慷慨之气。"此地别燕丹，壮士发冲冠""其人虽已没，千载有余情"……后世之人从未间断过对这一群体形象的追溯、赞叹。因此，在高中语文教学中，教师也应有计划地组织学生阅读《刺客列传》，在强化文言文知识教学的同时，也要重视对人物性格、思想、状态的分析，引导学生对其形象价值进行探究。

首先，要明确刺客的起源。战国时期，面临着诸侯兼并、以强凌弱的社会现实，恰逢当时盛行以招贤纳士来对抗强权的风气，促使那些身处社会底层、身怀勇力、胸怀壮志的人仗义奋起，于是就衍生了这样一个行为激烈的群体。

其次，要认识刺客的实质。刺客的所为，表面看是因知遇而"以命相

酬"的报恩，内里则蕴含着以"忠信"和"仁义"为核心的道德内涵。他们不仅留名青史，更为中华民族留下了"信义"这一宝贵的民族之魂。

最后，要重视刺客的影响。《刺客列传》中所记载的刺客有六人，曹沫、专诸、豫让、聂政、荆轲和高渐离等，其中作者着墨最多、描述最精彩的部分莫过于"荆轲刺秦"，"令人浅读之而须眉四照，深读之则刻骨十分"，学生亦身临其境，拍案叫绝。

二、"纵死侠骨香，不惭世上英"的游侠形象诠释侠义之髓

在太史公的笔下，游侠与刺客截然不同：他们不是"应人所求，受人之恩，己诺必诚"的信义之士，而是扶危济困、除暴安良、"不留声名、不图回报"的侠义之士。比如侠士侯嬴、朱亥能急信陵君之困，献智献力，生死相随；侠士朱家以"仁"行天下。剧孟则倚靠侠者之名闻天下，据传剧孟母亲去世时，奔丧人的规模超过了一般的诸侯，无怪乎周亚夫赞其"大将军得之若一敌国云"。郭解扶危济困，以德报怨，经常施恩于人却从不指望回报，救人性命从不夸功，受到人们的仰慕。李白赞之曰："事了拂衣去，深藏身与名……纵死侠骨香，不惭世上英。"这些游侠形象不仅在后世的文学作品尤其是金庸、古龙等的武侠小说中得以留存、传承，而且重义尚侠、济危解难、视死如归的道德文化精髓，一直流淌在民族的血液中。

在高中语文教学中，教师可节选《游侠列传》中的部分内容，组织学生进行阅读，并进行文学价值的赏析。首先，认识游侠的积极作用，尤其是其对民族道德与文学创作的深远影响。其次，列举生活中具有侠义色彩的人和事，发掘游侠精神在生活中的留存和延伸。最后，在法治社会，我们作为新时代的青年，要辩证地思考应该怎样弘扬侠义精神，怎样为社会的和谐发展做出应有的贡献。

批判地欣赏和传承古典文学遗产，是阅读古代文学作品的要义，也是高中语文教学中阅读古代文学名著的重要原则。

三、"谈言微中，亦以解纷"的滑稽人物诠释德言之美

《史记》中记载的滑稽人物，有赘婿、乐人、侏儒、倡优等，他们其貌不扬、诙谐可笑，常以插科打诨供帝王取乐。这群"小丑"式的人物，能坦然面对自身的缺陷和地位，能以洒脱对待宠辱和贵贱，具有超出一般权贵的

社会责任感。

比如齐人淳于髡是一位"出口成章，词不穷竭"的人物，他身上涵盖了滑稽人物几乎所有的特点：善辩、幽默、机智。齐威王在位时，曾君臣陶醉饮酒作乐，荒废朝政，招致他国来犯，国家危急时刻，是淳于髡站出来，以一只大鸟，落在大王的庭院，三年不飞不叫的隐语，使威王幡然醒悟，励精图治，使"诸侯震惊，皆还齐侵地。威行三十六年"。还有秦人优旃谏始皇扩苑、二世漆墙，优孟谏楚王葬马等，在幽默风趣的言谈中阻止了帝王荒唐可笑的想法，正如太史公所说："大道恢恢，岂不大哉！谈言微中，亦以解纷。"

《史记·滑稽列传》的文辞相对简单浅显，加之故事性强，适宜作为高中生的课外阅读文本。组织学生阅读时，教师要精心设计问题，引导学生透过太史公的描述，去认识这些滑稽人物为国为民排难解纷、勇担大义的德义之美，去感受他们以小喻大、以隐喻显、寓庄于谐、言近而旨远的语言艺术魅力，去体悟他们大智若愚的精神品质之美，从而受到其文学价值的熏陶。

四、逐利与尚义并存的商贾形象诠释儒商之道

我国的商业活动历史悠久，但在以农为本的封建社会中，商贾举步维艰。《货殖列传》中，记载了春秋至西汉时期三十余名商贾的事迹，客观且全面地展示了他们的才智和情怀。他们中的大多数人追逐盈利却不唯利是图，崇尚大义且心怀家国，诠释了儒商之道。

比如史称"华夏第一相"的管仲，他深谙通商之道，曾"以区区之齐在海滨，通货计财，富国强兵"，辅佐齐桓公称霸诸侯。弦高犒师，使郑国免于灭国之灾，并且坚决不受郑穆公的奖赏，表现出商人重义轻利的高贵品质。商人白圭说："吾治生产，犹如伊尹、吕尚之谋，孙吴用兵，商鞅行法是也。是故其智不足以权变，勇不足以决断，仁不能取予，疆不能有所守。"足见他们在经商中不仅有智慧和魄力，而且具有一颗仁义之心。

在高中语文教学中，可从范蠡、子贡、朱公、弦高、白圭的传记中节选可读性强的片段，指导学生阅读，精心设计探究问题，引导学生客观地分析古代商贾的所作所为，体会太史公对"人各任其能，竭其力，以得所欲"的商贾的肯定与歌颂，认识大多数商贾逐利、尚义的儒商情操，探究"若民则无恒产，则无恒心"的内涵，了解发展商业、发展经济对维持社会稳定和促

进社会发展的重大意义，并联系现实生活讨论古代商贾形象在今天的意义，使其文化价值和教育价值得到最好的传承与体现。

五、执着于病人的生命和医道的医者形象诠释济世仁爱之心

刘晓琴在《论医古文中人物传记的价值取向》中说："'仁'是儒家思想中最核心的范畴……以仁爱之心治国，是为施仁政；以仁爱之心治医，是为行仁术。医儒同道，这是古代医学的一个最重要特点。"太史公在《史记·扁鹊仓公列传》中，记叙了扁鹊和淳于意两位医者的故事，以生动传神的笔墨诠释了古代医者所具有的济世之心和仁爱之情。

如"扁鹊名闻天下。过邯郸，闻贵妇人，即为带下医；过雒阳，闻周人爱老人，即为耳目痹医；来入咸阳，闻秦人爱小儿，即为小儿医"；太仓公淳于意，"少而喜医方术。高后八年，更受师同郡元里公乘阳庆"。这些医者淡泊功名，所看重的是医术和医道。从某种意义来说，正是这些精湛的医术撑起了中国传统医学的骨架，为人类文明宝库增添了无数瑰宝；而以仁爱之心、济世情怀为内涵的医道，一直影响着后世医者，成为医德文化的内涵。

在高中语文教学中，教师应结合教学实际情况，适时引入《扁鹊仓公列传》的部分章节，引导学生了解古代医者的精湛医术对我国中医药事业发展的重大贡献和重要意义，探究古代医者所秉持的仁爱之心和济世情怀，讨论我们应如何继承中华民族这些优良传统文化和精神，从而使语文教学成为传承我国传统文化的重要途径。

六、血肉丰满、个性鲜明的底层女性形象诠释人性之真

太史公在他的《史记》中，以其"不虚美，不隐恶"的传神之笔，为我们描写了二三十位血肉丰满、个性鲜明的底层妇女形象。如介子推母义隐深山、漂母供韩信而义绝重报、孝女缇萦救父等，还有人们比较熟知的苏秦的妻子、王媪、武负、刘邦嫂、淮阴亭长妻等一群"小市民"妇女形象，让我们感觉一个个有血有肉、个性迥异的人站在面前，似乎可以感觉到她们的呼吸，触摸到她们的灵魂，再一次感叹太史公"史家之绝唱，无韵之离骚"的文学魅力！

因此，我以为，从不同文学价值和思想内涵的角度，精心选取其中的精

第三章 教学感悟

149

彩文段，穿插在文本教学中或编辑在校本教材中，组织学生认真阅读，深入探究；或举办专题阅读活动，进行专题探讨交流活动，既可以丰富学生课外阅读内容，又可以提升学生对我国传统文化的认知，开阔学生的文学文化视野。

总之，太史公在《史记》中对下层人物的描写，既有历史的真实，又具有撼动人心的艺术感染力。其历久弥新的文学价值，内涵深厚的文化价值和道德底蕴，当然是语文教学尤其是高中语文的重要资源。作为语文教学工作者的我们，理应万分珍视这一文化资源，在教学实践中，为弘扬中华文学传统和文化道德传统做出应有的贡献。

参考文献

［1］胡进才.论《史记》中的刺客形象［J］.作家，2009（18）：206.

［2］李冰圆.《史记》滑稽人物形象研究［D］.锦州：渤海大学，2019.

［3］廖云前.《史记》中的商人形象［J］.重庆交通大学学报（社科版），2009，9（2）.

浅析《红楼梦》前六回中不可或缺的小人物

——以冷子兴、门子、刘姥姥为例

深圳市盐港中学　傅华丽

曹雪芹在《红楼梦》中塑造了众多色色皆有、样样具异的人物形象，从贾宝玉到金陵十二钗正册、副册、又副册，到王公僚佐、神仙僧道、文人骚客、官差仆役，再到工匠优伶、贩夫走卒、牛童马夫、醉汉无赖等，这些人物都源于作者的巧思塑造，这些角色都值得读者的悲悯体谅。蒋勋曾说："很少有一本书像《红楼梦》，可以包容每一个即使最卑微的角色。"本文正是从"卑微"入手，将目光投向书中的小人物，并着重以前六回中的冷子兴、门子和刘姥姥为例，试图透过他们琐碎的生活，道出小人物的不可或缺，也道出《红楼梦》的荒凉百态和不同寻常。

一、冷子兴：《红楼梦》中的"点睛之笔"

清代小说批评家张竹坡曾在评点《金瓶梅》时提到一个"点睛之笔"的概念，"伯爵，作者点睛之妙笔，遂成伯爵之妙舌也"。学者叶朗对此观点甚为认同，并进一步指出"点睛"是小说中化隐为显的一种手法，旨在"把隐藏在事情内部的实质揭露出来，把书中人物隐藏的内心活动揭露出来"。

《红楼梦》中也不乏这种"点睛之笔"，比如第二回的开篇就有诗云"欲知目下兴衰兆，须问旁观冷眼人"，此处的"冷眼人"就是担任"点睛"任务的冷子兴。冷子兴是《红楼梦》中一个不可或缺的小人物：他有一个特别的职业，是都中古董行贸易，走南闯北，鉴古辨真；他有一个特别的身份，是贾雨村的旧识好友，"二人最相投契"；他还有一个特别的背景，

是荣国府管家周瑞的女婿，耳闻目见，知事颇多。因而，他于维扬城外偶遇贾雨村，又于酒席之上演说荣国府，这些看似奇巧的情节于此处却显得合情合理、水到渠成。

细读第二回，可知冷子兴在全剧起着穿针引线的作用，曹雪芹正是借他之口将贾府掌故一一道来，让众多人物依次登场。毫不夸张地说，正是冷子兴的一番清谈，让《红楼梦》中原本错综复杂的社会关系和环境背景变得简洁、明了，学生完全可以依据他的叙述，绘出荣宁两府的关系网图，搭起豪门大户的姻亲框架。这是作家的妙笔所在，恰如脂砚斋所言，"借用冷子一人，略出其大半，使阅者心中，已有一荣府隐隐在心"。当然，冷子兴对贾府的演说，除了扬"导游"之能，还有更深的用意。

贾雨村与冷子兴"二人闲谈慢饮，叙些别后之事"，谈及对贾府的印象，进士出身的贾雨村看到的是峥嵘轩峻之景，葱蔚洇润之气，感慨"那里像个衰败之家"；而小人物冷子兴看到的是大厦将倾之势，萧索颓败之韵，直言"百足之虫，死而不僵"。对比二人之言语，贾雨村是以眼观色，羡的是身外之物；冷子兴是以心观事，观的是内涵之核。这就是文章的"点睛"之处，作者从未公开言明贾府盛极而衰的原因，但他让冷子兴以一个旁观者的身份，在一个轻松随意的场合，讲述贾府"萧疏"之所在：无运筹谋划的治家之才，无开源节流的理财之道，无诗礼传家的贤孝之孙。纵观整本《红楼梦》，无论是人事还是情缘，似乎皆未脱离"萧疏"二字，但冷子兴的结论正确与否，作者并未予以评判，这番说辞是真是假，需要读者凭慧眼来一探究竟。其实，联系后文篇目，我们可以推断出冷子兴的"演说"有真实、清醒的成分，也有夸张、扭曲的部分。比如贾元春的年龄，据冷子兴所言，元春只比宝玉大一岁，"第二胎生了一位小姐……不想次年，又生了一位公子"，但按照第十八回中"其名分虽系姊弟，其情状有如母子"等内容，基本可以推翻"大一岁"的说法。又如冷子兴对贾宝玉的描述，"女儿是水做的骨肉，男子是泥做的骨肉"，这是阐述宝玉价值观的"点睛"之笔，但接下来"你道好笑不好笑？将来色鬼无疑了"的评论，则充斥着讲述者自我的偏见和臆测，可见，冷子兴知晓的也只是一个"道听途说"来的宝玉而已。

冷子兴的这一段"说书"，自带三分醉意、七分得意，真假虚实之间，他颇为精彩地给读者展示了一个小人物视角下的贾府及贾府众生相，更是点出大族末世之势已成必然，这就是"点睛"的妙处。曹雪芹的这一写法着实高明，诚如脂砚斋所评："世态人情，尽盘旋于其间，而一丝不乱，非具龙象力者，其孰能哉？"

二、葫芦僧：《红楼梦》中的"隐晦之笔"

虽然曹雪芹在创作《红楼梦》时特意隐去了故事发生的朝代年纪和地舆邦国，并在第一回里反复强调本书"非伤时骂世之旨""不过谈情"，但是细究文本，读者仍然可从字里行间看出作者在隐晦地区别善恶。"隐晦"是小说的一种写法，隐晦者，即委婉其词，潜伏其说，最终曲尽其妙，言尽其意。在《红楼梦》前六回中，"葫芦僧乱判葫芦案"便是曹雪芹极精彩的"隐晦之笔"。

"冯渊之死"是《红楼梦》里的一桩糊涂案，断案的主角有两位，一位是新补授的应天府尹贾雨村，一位是久在官衙任职的门子。门子何许人也？事实上，他只是书中的一个过场人物，无名无姓，仅以职务相称。门子戏份不多，却是书中一个不可或缺的小人物，可以说是他推动了故事情节向前发展。曹雪芹也正是借门子其人其事，达到"满纸荒唐言"背后的讽刺人性、针砭时弊之目的。

先说门子的来历，他原本是一个在葫芦庙修行的小沙弥，后因庙门失火无处安身，又难耐寺庙凄凉，便蓄发还俗寻了这一份轻省的差事。又说这葫芦庙，坐落在姑苏阊门十里街的仁清巷，庙旁居住着"秉性恬淡"的甄士隐。据门子自述，他与甄家交往甚密，"当日这英莲，我们天天哄他玩耍"，想来也不少受甄老爷的照拂。可当他遇到落难被拐的英莲并确认了她的身份之后，他有数次施以援手的机会，却都选择坐视不救，反而将其推入火坑，加速了英莲悲剧命运的进程。按理说，一个出家人，即便还了俗，也当多种善因、多行善事，但门子毫无佛门之悲悯，面对枉死的冯渊，他道"人命些些小事"；面对故人之孤女，他叹"如今也不知死活"。由此观之，贾宝玉会毁僧谤道也不足为奇：若居心不净，为人不纯，则道门不玄，空门难空，又何需敬之？其实，曹雪芹欲讽刺的又何止门子一人，从背槽抛粪的门子到辜恩负义的贾雨村、利令智昏的王仁等，人心之险恶、人性之丑陋，可见一斑，无怪乎脂砚斋会批"假极""全是奸险小人态度"。

再说门子的出场，贾雨村下车伊始就遇到一桩并不复杂的人命官司，正当他秉公办案之际，"只见案旁站着一个门子，使眼色不叫他发签"，心下狐疑的贾雨村将其请入密室，一番叙旧后，门子引出"护官符"的议论，并道出官场的生存法则和四大家族之间休戚与共的利益关系。经过门子的面授机宜，贾雨村厘清了案件的关键所在，并顺水推舟地将此案胡乱了结，给贾、王二府做了个人情。在整个断案过程中，贾雨村尚表现了几丝假仁假义，"岂可因私枉法，是我实不忍为的"，却看门子的劝解之语，"大丈夫相时而动""趋吉避凶者为君子"，则是不加掩饰的钻营取巧。一个小小的官府贱役，却深谙为官之道，一手攥住小民，一手握住长官，左右逢源，操弄司法，嚣张至极！"葫芦"就是"糊涂"，"葫芦僧"是门子，是贾雨村，更是天下所有糊涂的官吏，他们颠倒黑白、混淆是非，他们溜须拍马、阿谀逢迎，官官相护，只手遮天，"一时触犯了这样的人家，不但官爵，只怕连性命也难保"。身处这样的政治环境，目之所及，皆是"葫芦案"，再看"今上崇尚诗礼，征采才能"等字眼，何其讽刺！此案看似平淡最奇崛，它如同一面镜子，映照出人情之冷暖、道德之沦丧、官场之腐败、世态之炎凉。本书"不敢干涉廊庙"，但这一章节已是不动声色地将《红楼梦》的叙事背景和社会结构做了一番隐晦的诠释，暗寓褒贬于内，曹公之笔诚"如人引醇酒，不期然而已醉矣"。

三、刘姥姥：《红楼梦》中的"闲余之笔"

文学批评家金圣叹曾在评点《水浒传》时频繁提到"闲笔"一词，"作文向闲处设色""为百忙之中极闲之笔"等。所谓"闲笔"，就是游离于叙述主线故事之外的描写，作家通常采用穿插、点染的手段来叙述一些细小事件，以此打破叙述的单调和生硬，"使不同的节奏、不同的气氛互相交织，从而加强生活情景的空间感和真实感"。曹雪芹也是一位擅用"闲笔"的大家，在《红楼梦》第六回中，他塑造了刘姥姥这一个如同芥豆的小人物，并以她为中心，为读者生动地讲述了一个"刘姥姥一进荣国府"的故事。然此章最妙之处在于写法：作者在"忙笔"正写之余，又能向闲处设色，二者相互映衬，文章故而触手生妙、涉笔成趣，写得曲折顿挫、绚烂纵横。

《红楼梦》中的刘姥姥是一位守寡多年的乡野老妪，她孑然一身，只靠两亩薄田度日，待到女婿王狗儿将她接来养活之后，才有所依傍。刘姥姥对此心怀感激，所以，在狗儿因未办冬事而在家吃酒寻气之际，她站出来对女婿好言劝慰，又提出了利用祖辈之情到贾府"打秋风"的建议，且担下了

"明日就走一趟，先试试风头"的责任。行文至此，讲的皆是刘姥姥一进荣国府的原因和目的，但作者没有死板地直述狗儿一家"乞食"之始末，反是轻宕一笔，追忆了两段过往：一是与荣府的瓜葛，"你们原是和金陵王家连过宗"，当时王家的二小姐"如今现是荣国府贾二老爷的夫人"；二是和周瑞的往来，"这周瑞先时曾和我父亲交过一桩事，我们极好的"。这两处"闲笔"，填补了前文未到之处，也为刘姥姥进入荣府预备了充足的理由，令读者阅罢历历如真有其人其事，而不见一丝牵强、唐突之色。

　　次日天未明时，刘姥姥便领着外孙板儿前往荣国府，在祖孙二人"朝扣富儿门"的途中，作者又置下一处"闲笔"来记录：来至荣府大门前，只见"簇簇的轿马""几个挺胸叠肚、指手画脚的人，坐在大凳子上说东谈西"。短短数语，写尽了侯门三等豪奴的骄横和跋扈，也写透了百年巨室之家的权势和华侈，的确是"非才富一石者"不能成也。文中类似的"闲笔"还有许多，比如刘姥姥欲拜访王夫人，周瑞家的却先说王熙凤，"如今太太竟不大管事了，都是琏二奶奶当家"，顺势带出了凤姐的身世背景，添加了书中人物对她的一番议论，且为下文的诸多叙事埋下了线索。又如刘姥姥欲见凤姐，凤姐未至，倒引出了另一要紧人物平儿。一个通房大丫鬟，为奴之者，尚且是"遍身绫罗，插金戴银"，贾府为主之人的珍贵奢靡亦可知矣。

　　再来看此章回中的王熙凤，脂砚斋曾言"此回借刘妪，却是写阿凤正传"。为了展现刘姥姥口中这个自小就"不错"的大人物，作者除用"正笔"写其彩绣辉煌之外，又加以皴染，用"闲笔"写其干练通达。先是周瑞家的催促刘姥姥赶紧去拜见熙凤，"他吃饭是一个空子""若迟一步，回事的人多了，难说话"；再是刘姥姥见着了熙凤，刚问了一些家常闲话，"就有家下许多媳妇管事的来回话"；后是刘姥姥正要说出乞谋之意，又插入了"东府里小大爷"贾蓉的一段来访。这些都是刘姥姥视角之下的"闲笔"，正是这些看似无关紧要的描述，让我们看到王熙凤的苛杂勤劳和伶俐乖滑，也让我们看到贵族之家烦琐的生活面貌和真实气氛，令读者"合眼如见""已得大概"。故而有人会说："《石头记》总于没要紧处闲三二笔写正文筋骨，看官当用巨眼，不为彼瞒过方好。"

　　综上所述，冷子兴、门子、刘姥姥分别是书中的点睛之笔、隐晦之笔和闲余之笔。通过这三个小人物的所见所闻和所述所感，我们看到一个立体的

第三章　教学感悟

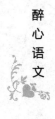

贾府，看到一个鲜活的社会，看到一个真实的人间。也正是因为这些如同萤烛之光的小人物和作者对小人物命运的关注与关怀，《红楼梦》才更显伟大和不朽。

参考文献

［1］吴铭恩.红楼梦脂评汇校本［M］.北京：清华大学出版社，2019.

［2］叶朗."有情之天下"就在此岸——叶朗谈《红楼梦》［M］.北京：北京大学出版社，2021.

［3］周汝昌.红楼小讲［M］.北京：北京出版社，2016.

［4］蒋勋.微尘众：红楼梦小人物1［M］.北京：中信出版社，2014.

命运的叩询，时代的呼喊

——浅析话剧《雷雨》的主题意蕴

深圳市盐港中学　傅华丽

曹禺创造的《雷雨》是中国话剧史上一部经典的悲剧，关于该剧的主题意蕴，历来众说纷纭。在笔者看来，《雷雨》的诞生是源于作者对时代呼喊的响应，《雷雨》的内核则源于作者对命运叩询的思考。悲剧是什么？鲁迅说"悲剧是将人生有价值的东西毁灭给人看"。在《雷雨》所呈现的故事中，曹禺以一种极端的夏日雷雨般狂飙恣肆的方式，"发泄被抑压的愤懑，毁谤中国的家庭和社会"，一切难以言喻、难以言明的人和事，都在阴沉、郁热的氛围中走向毁灭。

一、是爱情的幻灭

无论是三十年前周朴园与梅侍萍两情相悦的爱情，还是三十年后周萍和四凤相互依存的爱情，或是周萍与繁漪纠缠不清的爱情，甚至是周朴园与繁漪的婚姻，鲁贵和侍萍的组合，周冲对四凤的追求……剧中的几组爱情均惨淡收场。但是爱情本身是纯粹、美好的，恰如但丁所言"爱情使人心的憧憬升华到至善之境"，也如查曼普所说"爱神是万物的第二个太阳，它照到哪里，哪里就会春意盎然"。

周朴园的爱情世界极其苍白，他前后有两任妻子，一位是"有钱有门第的小姐"，另一位是幽居楼上如同"活死人"的繁漪，但是两段婚姻都未给他带来些许温存。彭斯把没有爱情的人生比作"没有黎明的长夜"，也因为如此，周朴园特别珍惜自己和侍萍的爱情过往，他把那位年轻、贤惠、规矩的梅小姐放在心尖，并把这份记忆作为清冷婚姻生活中的安抚和慰藉。阅

第三章　教学感悟

157

读《雷雨》时，常常有人争论"周朴园是否爱侍萍"这一问题。毋庸置疑，周朴园是爱侍萍的。因为相爱，他会不顾身份和"下等人"侍萍孕育了两个孩子，会在搬家后还保留侍萍喜欢的家具，会三十年如一日地记住侍萍的生日、习惯，会珍藏侍萍的照片和她修补过的衬衣……我们不能简单地说周朴园近乎偏执的怀念是虚伪的做作，他的确有真情的投入，但是，当真实的鲁侍萍站在他的面前，他没有表现出丝毫重逢的喜悦，而是不加掩饰地展露了自己的惶恐。侍萍对周朴园说了两次"你不要怕"，他害怕什么？三十年前，周朴园"做了一件于心不忍的事"，他势必会受到内心的谴责和良知的鞭挞，但现在的周朴园是"社会上的好人物"，相比害怕失去爱情和爱人，他更害怕失去体面和威严。所以，面对死而复生的侍萍，他严厉地问"你来干什么""谁指使你来的"，他笃定侍萍是带着恨意来敲诈他、报复他的，于是，他给出了自许慷慨的解决方法：辞退鲁贵、四凤和大海，"一切路费，用费，都归我担负""以后鲁家的人永远不许再到周家来"。

莎士比亚认为："爱情里面要是掺杂了和它本身无关的算计，那就不是真的爱情。"周朴园对侍萍的爱，一开始就充满了权衡和取舍，他持续三十年的自我感动式的纪念，之前有多真挚，之后就有多虚伪。而曹禺正是用这些幻灭的爱情故事告诉读者：爱情救不了周朴园，也救不了繁漪和周萍，不管爱情是何种形式（自由的、包办的、明净的、阴郁的），都无法抗衡既定的悲剧命运，即使是周冲那自带浪漫和理想光环的爱情，也被扼杀在这令人窒息的环境中，看不到任何的希望。

二、是亲情的破裂

曹禺在《雷雨》中塑造了两个家庭，共八个主要人物，在高度集中的时空背景下，在错综复杂的亲缘关系中，周鲁两家三十年的恩怨情仇缓缓展开。木村久一认为"家庭应该是爱、欢乐和笑的殿堂"，而《雷雨》中的家庭却充盈着压抑、无奈和悲伤。

鲁家的家长鲁贵是一个"很不老实的人"，他好赌成性、趋炎附势、贪得无厌，连女儿都直言"您说话的神气真叫我心里想吐"。在他身上，底层小市民狡黠鄙俗的品性被体现得淋漓尽致。鲁家有一条清晰的鄙视链：鲁贵看不起侍萍的清高，侍萍瞧不上鲁贵的市侩，四凤和大海互不理解。高尔基说"婚姻是两个人精神的结合"，但鲁贵和侍萍的精神世界是撕裂的，在这种家庭氛围中成长的孩子，势必有不同的人生轨迹，最终，四凤选择了顺从，大海选择了逃离。

周家的家长周朴园处于绝对的统治地位，他遵循"父为子纲、夫为妻纲"的治家之道，要求妻儿下属必须服从他的指令。所以，他当众强迫繁漪喝药，"当了母亲的人，处处应当替子女着想，就是自己不保重身体，也应当替孩子做个服从的榜样"。他不允许任何人僭越，面对反击自己的大海，即便知道这是自己的亲骨肉，他也能冷漠地将大海开除；面对维护自己的周萍，他说的是"没有你的话""不许多说话"；面对提出异议的周冲，他怒喝"你少多嘴，出去"。周朴园用"虚伪的亲切"维系着家庭秩序的井然，在他看来，"我的家庭是我认为最圆满、最有秩序的家庭，我的儿子我也认为都还是健全的子弟"。事实上，他的三个儿子，周萍恨他，"愿他死，就是犯了灭伦的罪也干"，并以一种含蓄的方式忤逆了他；周冲恨他，周冲逐渐发现父亲才是母亲的病原，但他无法改变现局，只能以一种疏远的方式背叛了他；鲁大海也恨他，大海唾弃他是"只认识洋钱的结合"，是"不要脸的董事长"，最终以一种决绝的方式反抗了他。四个年轻人同样承受着命运的摆弄：兄妹相恋，兄弟相厌，然后在雷雨之夜，有罪的人、无辜的人，一同奔赴灭亡。

曹禺虽然说自己"没有显明地意识到我是要匡正讽刺或攻击些什么"，但潜意识中，他仍借《雷雨》对中国维持了数千年的"君君臣臣父父子子"的家庭伦理关系发起了冲击。"我想通过一个家庭的毁灭，表达自己一种复杂而原始的情绪，表现宇宙里斗争的残忍和冷酷。"主宰斗争的是命运，但命运究竟是什么，年轻的曹禺说不清。因此，他转而以汹涌的感情去揭露家庭隐藏的缺点和失败，宣泄自己无处安放的愤怒与怅惘。

三、是信仰的迷失

克莱尔曾称"人是为了某种信仰而活着"，信仰是什么？巴金说信仰是支配战士行动的力量，泰戈尔说信仰是触着曙光而讴歌的飞鸟。在剧本中，曹禺坦率地表述了自己作为一个年轻人和社会人对信仰的理解。从某种意义上说，周冲和鲁大海站立在性格的两端，代表着曹禺对信仰的憧憬和探索，

前者是一种温和的坚持，后者是一种激进的觅寻。

周冲是整部《雷雨》中最明亮的角色，"他藏在理想的堡垒里，他有许多憧憬，对社会，对家庭，以至于对爱情"，周冲的身上有曹禺自我性格的投影：同样青春洋溢的年纪，同样悲天悯人的情怀，同样对世间充满了善意与期待。四凤固然也是美的，但四凤的明媚更多是出自一位十八岁少女原始的、质朴的、新鲜的品性。周冲却不同，他从象牙塔里走来，带着堂吉诃德式的孤勇，"在冬天的早晨，明亮的海空，乘着白帆船向着无边的理想航驶去"。周冲要的是自由、平等和尊重，这何尝不是刚过弱冠之年的曹禺的信仰？在沉闷的氛围中，周冲与曹禺为自己和家国描绘了一个朦胧的、抽象的、渺茫的蓝图，但现实却毫不留情地挥舞着铁锤敲碎了他们的梦，"他痛苦地感受到现实的丑恶，一种幻灭的悲哀袭击他的心"。曹禺用周冲的悲剧向观众展示天地间的粗恶和残忍：温和的坚持宛如一串串五彩的肥皂泡，一根现实的铁针便可逐个点破，顿时，生命化为了空影。

鲁大海是剧中的一场"雷雨"，作为一名"罢工闹得最凶的工人代表"，他带着一腔愤怒上场，和矿场的董事长谈判。他有丰富的底层生活阅历，他明白资本家惯用的手段，因而一针见血地指出周朴园忽软忽硬的态度只是在拖延时间去收买他人；他知晓资本运营的关键，所以会说"我们一直罢工到底，我们知道你们不到两个月整个地就要关门的"。和剧中其他人物相比，鲁大海已经觉醒，"我们代表这次来，并不是来求你们。你听清楚，不求你们"，可是，他和周冲一样，都将世界想得过于简单，因此，他轻易地就被自己信任的同盟背叛和出卖，甚至周朴园都在嘲讽他的稚嫩和鲁莽，"没有经验只会胡喊是不成的"。创作《雷雨》时，曹禺只是一个涉世未深的大学生，他并不熟悉工人这一群体，故而他笔下的大海略显单薄。但从剧本的主旨来看，大海必不可少，是他撕开了资本华美的面纱，暴露了周朴园们贪婪冷酷的本性；也是他寻觅出一条激进的抗争之路，虽然这条路依旧是坎坷的、模糊的，还失败了。曹禺用大海的故事告诉读者：这条路不好走，但这条路可以走。

曹禺在谈及写作意图时，曾表示自己是想反抗的，因为他长久地陷于家庭的昏暗和社会的腐朽，又不甘心那般模棱、苟且地活着，于是，他以笔为矛，为己发声，"觉得内心有一种要求，非这样写不可"。不管愿意与否，一个作家总会打上时代的烙印，他的作品也逃脱不了时代的影响，或是反映时代，或是反对时代，或是跟进时代。我们研究20世纪二三十年代的相关文学作品，如戴望舒的《雨巷》、朱自清的《荷塘月色》、徐志摩的《再别康桥》、艾青的《大堰河——我的保姆》等，不难看出，失望、恐惧和忧愁笼罩着同时代的新青年们。朱自清在《哪里走》一文中深刻剖析了这种复杂的心绪："在旧时代正在崩坏，新局面尚未到来的时候，衰退与骚动使得大家惶惶。"如何才能解决这惶惶然？经学典籍中没有明确的答案，西方模式也不够作为示范，是以，在"没有太阳的日子里"，曹禺顺应了情感的迫切需要，以毁灭的方式来寻求重生。同时，他也隐约感受到了一股锐不可当的力量，或许是源于他目睹过的五卅运动和省港大罢工，或许是源于他结识过的某位棱角分明的工人，于是，他认真倾听个体的呻吟和社会的呼唤，大胆地塑造了鲁大海这一角色，并将大海、四凤和侍萍结合在一起，喊出了奴隶者的不满和愤懑。正因为如此，《雷雨》获得了时代的支撑点，拥有了超越作家创作预期的现实意义。

总而言之，《雷雨》展示的是一幕人生大悲剧，但又没有简单地停留在对家庭悲剧、性格悲剧、社会悲剧的揭露上，爱情的幻灭、亲情的破裂、信仰的迷失，最后都指向了对命运的叩询。细读《雷雨》，我们不难发现这部话剧更接近于古希腊的命运悲剧，它与《俄狄浦斯王》《希波吕托斯》等作品一样，"让人的举止行为面对一个为人所无法洞悉的、使人即使怀着最善良的愿望仍要归于失败的某种力量或原则所控制的世界"，也正如曹禺所说的，"在《雷雨》里，宇宙正像一口残酷的井，落在里面，怎样呼号也难逃脱这黑暗的坑"。作为一名亲历者、观察者、同情者和记录者，曹禺谨慎地对西方悲剧传统进行吸收、移植和改造，再敏锐地抓住生活中的素材，用细腻又感人的笔墨，构建了《雷雨》源于真实又高于真实的精神世界，引导读者和观众在唏嘘感慨之余去做更为复杂、更为深邃的思考：鲁侍萍口中"不公平的命"到底是什么，个体该如何抗衡变幻无常的命运，情感怎样才能在悲剧中得到净化和升华。正因为如此，《雷雨》获得了文学的着力点，拥有了超越同时代读者的接受水平的审美价值。所以，命运的叩询和时代的呼喊，让曹禺创造了《雷雨》，也创造了伟大和永恒。

参考文献

［1］陈思和.中国现当代文学名篇十五讲［M］.北京：北京大学出版社，2012.

［2］胡叔和.曹禺评传［M］.北京：中国戏剧出版社，2019.

［3］钱理群.大小舞台之间——曹禺戏剧新论［M］.北京：北京大学出版社，2007.

［4］曹禺.雷雨［M］.北京：北京十月文艺出版社，2017.

传记写作的共情

深圳市盐港中学　林加妹

一、从创作的角度来讲，传记写作是作者与传主的共情

传记写作的准备工作包含收集、考证、整合材料等，在此基础上，作者形成对传主的理解并诉诸文字。这个过程是作者有选择性地输入，作者总是要对传主进行个人化的阐释，形成自己的理解。那么，这个偏向主观的空间就给作者保留了一些自由发挥的余地。

在传记写作的准备过程中，还有一个极为关键的环节，那便是作者对传主的选择。不是所有传主都契合任何作者，作者选择传主时有自己的倾向，可能是人格或志趣上的倾向，也可能是经历或认知上的倾向。

同样，作为原型的传主因其本身的特质，也在筛选适合自己的写作者。柳宗元去世前，把自己的文稿托付给了同甘共苦多年的挚友刘禹锡。百代以来，为柳宗元撰写的墓志铭中评价最公正中肯的是《柳子厚墓志铭》，它的作者是当时在思想上能与柳宗元分庭抗礼的韩愈。显然，刘、韩二人是柳宗元认定的作者。梁启超写了《李鸿章传》《王安石传》，他与这些传主不属于一个时代，但是对李鸿章来说，若有谁能将他论得透彻，非梁启超莫属。为什么？因为只有亲身经历中国19世纪之大变动的人，才能有相应的格局理解那个时代，理解李鸿章们的人格。当然还有更多作者和传主不在一个时代的情况，但这并不影响传主对作者的选择。比如林语堂的《苏东坡传》（*The Gay Genius：The Life and Times of Su Dongpo*），传主苏东坡大半生都在贬谪之地，却依旧能洒脱地吟出"此心安处是吾乡""一蓑烟雨任平生"等豪语，林语堂若非寄身异国，是无法深味苏东坡在一次又一次的外放时是何种体验的。同是为苏轼作传，朱东润先生也曾在自传中谈到他创作苏轼传记的

第三章　教学感悟

163

尝试，他读遍苏轼同时代文人的文章，甚至开始编订年次，但最终因为无法理解苏轼的政治态度和生活作风而放弃。选择是双向的，作者与传主之间是否做对了选择，在创作过程中便已经呈现。

传记写作是作者对传主的共情。这里说的共情是作者对传主内心的体验，包括情感和认知上的理解。作者必须理解传主，这份理解未必是传主的全部人格与人生，也并不意味着作者对传主的认同，但作品中传主所呈现的主要人格必定是作者内心的映射，他们需要心灵的相遇。李长之传司马迁，特别谈到司马迁与孔子的共鸣。司马迁的立场倾向于道家，但这不影响他对孔子的追崇。作者以现代的视角阐释孔子与司马迁精神上的异同：

孔子根本是浪漫的，然而他向往着古典。他一生七十多年的岁月，可视为乃是一个浪漫人物挣扎向古典的过程。……也就在这种心灵深处，司马迁有了自己的归宿。所不同者，孔子的挣扎是成功了，已使人瞧不出浪漫的本来面目，而司马迁却不能，也不肯始终被屈于古典之下，因而他像奔流中的浪花一样，虽有峻岸，却仍是永远汹涌着，飞溅着了！

李长之先生这段浪漫的总结与他对司马迁的"诗人"定位若合一契。他在开篇自序中言明："在我没感到和自己的生命有着共鸣时，我也根本不能选择作为我写作的对象。"司马迁对孔子的共情，读者见之；李长之对司马迁的共情，读者亦见之。

作者与传主的共情关系在某种程度上是作者对自我的确证。作者在传主身上所进行的阐释是一种建构，而不是发现。正如柳宗元著名的传记文《段太尉逸事状》，历史上，与段秀实有关的最重要的事件是在泾源之乱中假意投诚，谋划杀死叛军头领，他在失败之后，以笏击打奸首朱泚。但是柳宗元另辟蹊径，从当时流言中对段秀实"武人一时奋不虑死，以取名天下"的非议入手，详写段秀实平日的儒者之行、士人之节："遇不可，必达其志，绝非偶然者。"这种写法与柳宗元所体察、认同的人格价值观密不可分，甚至可以说柳宗元的人格在某种意义上决定了该传记文的切入点。柳宗元通过为段秀实正名来为自己的人格进行辩护。

作者的自我确证在自传中体现得尤为明显。朱东润先生的自传传主人格和他所创作的他传传主人格一脉相承，不论是杜甫、梅尧臣、元好问、张居正还是陈子龙，人物虽各有千秋，但是一贯地有气节，饱含对家国现实的热切关怀。傅璇琮先生认为朱东润的传记"有时甚至太过强调某种政治标准"，这种政治价值观上的"强迫症"正是朱先生自我人格的确证与彰显。

自传写作就是一种自我构建的努力，这一意义要远远大于认识自我。自传不是要揭示一种历史的真相，而是要呈现一种内在的真相，它所追求的是意义和统一性，而不是资料和详尽。

自传的特殊性在于它可以是作者、传主、读者三种身份的复合体。在这种情况下，传主和读者的身份对于作者而言更为重要的意义是提供了一个内视的视角。作者要想把传主呈现给其他读者就必须让传主的形象在情、事、理上自洽，即勒热纳所说的"意义和统一性"，这即是自传中作者与传主的共情。

同时，我们必须讨论另一种情况，那便是作者对传主的误读，或者说传主对作者的"背叛"，这种情况既可能来自传记的原型，也可能来自读者的观感。我们必须排除作者的刻意歪曲和伪造，也必须摆脱"子非鱼"的诡辩，前者违背了传记的基本写作原则，后者缺少了重要的一环，那便是读者的参与。

二、从接受的角度来讲，传记写作是传主与读者的共鸣

"一个本文只有在被读者阅读的时候，才能产生一种响应。"阅读是"本文—读者相互作用"的过程。引用接受美学的相关理论，我们知道在文学活动的过程中，作品中的不确定性和意义空白召唤读者对其进行再创造。不过，传记文本对读者的"召唤"具有特殊性，它的"意义空白"似有底色，它的"不确定性"亦有方向，即对读者而言，作者通过传主所传递的意义可以在合理的框架中被解读。这显然让读者对传记文本再创造的可能性与积极性都显著降低。不过，没有了情节的意外之喜，缺少了天马行空的想象，也让作者可以更加专注于文本有指向性的意义传递和思想情感厚度的积累，同时读者的阅读反馈也更加明晰。

在文学传记写作过程中，作者更加明确的意义传递、传主更加鲜明的人格特点、读者更加明晰的阅读反馈，让它们三者之间的关系更加紧密。例如，著名传记《约翰逊博士传》的翔实和真切来自作者鲍斯威尔与约翰逊博士之间的密切互动和坦诚交流。约翰逊知道鲍斯威尔有为他作传的意图，提供了许多信息，并且就传记写作对鲍斯威尔多有指点。而鲍斯威尔既是作者又是传记中的角色，身份的重叠强化了作品意义建构的可信度。又如美国传

记家欧文·斯通的《渴望生活·梵高传》，在书中，梵高是作者要传递的"渴望生活"这个意义的载体。天才画家饱受癫痫的折磨，他面临着两难的选择，如果接受治疗，他就会变成一个无知无感的人，无法作画；如果放任清醒，他将承受精神的摧残，不能自控。梵高选择了艺术，于是作者的同情、传主的渴望与读者的怅恨共同完成了该传记的意义建构。

传主是作者与读者情感传递的桥梁，有时连接这三者的并非传记文本中的主要线索，它也可能是边缘、隐晦的存在，但一定是三者之间最牢固的连接点。俄裔法国作家亨利·特罗亚写作的《巴尔扎克传》，所描述的传主生平事迹与世人对巴尔扎克的了解并无二致：丰富的文学创作、债台高筑的窘境、风流又功利的情爱。面对这样的传主，作者在卷首语中如此表明他的创作初衷：

我在这本写他的坎坷生涯和作品诞生过程的新作所描绘的形象中，寻找的与其说是对巨匠的情感探索，还不如说是寻找与作品和行为都很了不起的战友进行坦诚的交谈。

如果不理解当时的社会风气与特罗亚的生平，我们大概会对"作品和行为都很了不起的战友"这样的评价心存疑虑。真正能引起读者共鸣的当是显性主题之下延续的另一条线索。线索的显露来自作者的评价："因为他精力充沛，所以不满足于从事一项活动，爱一个女人，写一本书""推动他写书的动力总是爱情、金钱、雄心壮志和对绝对的探求"。"对绝对的探求"让我们将焦点从传主的社会关系转向主体本身，只有这样，我们才能理解作家对作家的共情——只有作家才那么不顾一切地在意作者这个身份的价值。是以，当特罗亚写到在巴尔扎克死后，他的一生挚爱（即在传主死前六个月才娶到的女人"艾芙"）为了谋利，设法让人冒充巴尔扎克续写他的未完作品时，作者的笔锋才那么冷峻、尖刻，让读者感受到无限的悲凉与讽刺。

传记写作的过程，不仅是作者和传主之间的相互选择，也是读者与传主、作者的双向选择。传记文本较为明确的意义决定了读者在阅读之前的心理状态是有方向性的期待，这种期待多数时候不是来自情节，而是来自人物的人格塑造。一个屡被提及的案例是传记作家斯特莱切（Lytton Strachey）在撰写《维多利亚女王传》中提到的故事。女王失去了丈夫，痛不欲生，她下令收集配王生前所有的资料，并要求臣子按照她的心意将配王塑造得尽善尽美。臣下倒也尽心尽责，撰写了皇皇巨著，以抚慰女王的哀思，但是世人却不买账。斯特莱切评论道："致命的缺憾是世人不觉得那副面目有什么可爱。"

仿佛是出于一种离奇的捉弄，一个毫无瑕疵的蜡像硬被维多利亚的恩爱镶嵌进了一般人的想象，而蜡像所表现的人物本身——那个真实人物，那么有精力，有拼劲，有熬炼的，那么神秘，那么苦恼的，那么容易出错的，那么极尽人情的——却消失得无影无踪了。

这个反例可以充分说明读者在整个传记写作中的地位。女王的心意主导着作者的心意，她显然是最了解丈夫的人，但是在向读者传递时，她的主观意愿无法与读者共鸣，于是可以判定这样的传记写作是失败的。可见，如果作者与传主的共情无法得到读者的呼应，那么这种共情的合理性就很可能站不住脚。

三、传记写作是传主与原型的互补，体现历史与文学的互文性

人们想要了解一个人，不会单凭传记。但是在繁芜的档案材料之外，我们必定会参考传记，传记写作体现了文学与历史的互文性（intertextuality）。传记写作提供了一种可能的理解，有些理论家对文学传记的批驳是因为作者将可能的理解变成了确定的形式。

最典型的案例莫若鲁迅。现当代以来，为鲁迅作传一直是个热门。从增添涉（日本作家）的《鲁迅的印象》到曹聚仁的《鲁迅评传》、林贤治的《人间鲁迅》等，鲁迅的传记不胜枚举。由于时代的特殊性，鲁迅及其传记一度成为政治性论战的工具，并且，就传记质量而言，至今没有一部较圆满地还原鲁迅的高水平传记。但当论战的硝烟散去，淘汰歪曲事实的传记，我们会看到鲁迅在不同时期被叙述和挖掘的点，这种现象在新时期表现得尤为明显。正如孙郁先生在《近二十年鲁迅研究之印象》中的评价：

翻检那些熟悉与不熟悉的作家的文字，会发现几代人的背影里，延续着精神自新的梦。看到那些从心灵里流出的文字，便觉得，虽然有着一种视野的限定，有时不能从容往来于那个阔大的精神时空，但不断求索的心，是热的。

每个时代都有鲁迅的传记，这些作品无法摆脱时代，因此打满了时代的烙印，皆以鲁迅浇自身块垒。事实上，我们可以在这一个时代看清上一个时代的印记，厘清时代的同时，我们也在还原传主的本来面目。我们不能忘记实事求是的历史，更应当珍惜当下对鲁迅的书写中那份实事求是的情感。这份情感是作者寄托在传主身上的"一点点属于人的东西"，是作为文学的传记对其历史使命的践行。

四、小结

文学传记的写作没有脱离文学创作的框架。与日新月异的形式和虚构不同，文学传记更多地保留了现实主义的写法——鲜明的、立体的、带有真实感的人物必须立起来。传主和作者之间的关系就像是订立了生死契约，传主的存续有赖于作者的共情与读者的共鸣。

文学传记的书写更倾向于作者心灵的确证。我们的历史很长，现代世界的变化超出所有人的想象，当预言的可靠性瓦解，我们需要一个基点，确认自己的位置，安定自己的心灵。于是我们从历史和即将成为历史的当下中去寻找，从中复活一个个人物，赋予他们在精神世界演练的生命力。作者在传记中确证，读者在传记中寻找，作者与读者之间有着心照不宣的约定。

参考文献

［1］李长之.司马迁之人格与风格［M］.天津：天津人民出版社，2015.

［2］柳宗元.柳宗元集［M］.北京：中华书局，1979.

［3］朱东润.朱东润自传［M］.武汉：华中科技大学出版社，2019.

［4］傅璇琮.理性的思索和情感的倾注——读朱东润先生史传文学随想［J］.文学遗产，1997（5）：109.

［5］勒热纳.自传契约［M］.杨国政，译.北京：北京大学出版社，2013.

［6］伊泽尔.审美过程研究——阅读活动：审美响应理论［M］.霍桂桓，李宝彦，译.北京：中国人民大学出版社，1988.

［7］刘涛.解读伊瑟尔的"召唤结构"［J］.文艺评论，2016（3）：56-60.

［8］特罗亚.巴尔扎克传［M］.胡尧步，译.北京：商务印书馆，2013.

［9］斯特莱切.维多利亚女王传［M］.卞之琳，译.北京：商务印书馆，2013.

［10］孙郁.近二十年鲁迅研究之印象［J］.文艺理论与批评，2021（2）：25.

［11］赵白生.传记文学理论［M］.北京：北京大学出版社，2003.

贾府来客

——《红楼梦》人物与创作手法浅析

深圳市盐港中学　林加妹

送往迎来是常事，生老病死是人生的主题，这些事件必有亲故参与。来客意味着重大事件的发生，提示变化，象征莫测的命运。理解《红楼梦》，从来客的角度来解读，会有一些新的感悟。

一、黛玉出场，唤醒小说结构

林黛玉进贾府这一回是小说背景的铺设，搭建了贾府主要人物关系的框架。从另一个层面来说，林黛玉的登场则是唤醒了小说的内在结构。

"唤醒"只有林黛玉能够完成。理解这个问题时，我们只需设想：如果这一回来客是宝钗，会呈现什么样的效果？主客同样显赫的家世与繁缛的人情、大方得体的寒暄与随分从时的做派，我们会发现这样的出场乏善可陈，因为他们是同质的，就像一滴水融入一潭水。到第四回薛家来投，主客相宜，作者便只略略带过。黛玉出场可称"唤醒"，最重要的原因是她迥异于贾府众人的特点，是贾府的异类。所以这个任务，只有她能够完成。

林黛玉的到来还唤醒了贾府中的另一个异类。宝黛初见时，二人皆有似曾相识之感，宝玉笑道"这个妹妹我曾见过的"。这既是二人木石前缘的再续，也是惺惺相惜的明证。初来乍到，林黛玉试图适应大环境，她观察众人的用餐习惯、不断纠正自己答话的内容，但是贾宝玉因她无玉而突然发生的"摔玉"举动，将她凸显出来，让人再不能忽视。来客是异数，异质的介入唤醒了小说内在的生命力。异质介入之所以能触发剧变，乃是本身潜在矛盾的积蓄，它在召唤改变。宝玉作为贾府的异数，原与家中丫鬟、小姐交好，

但众人仍觉得他"行为偏僻性乖张"，贾宝玉需要从不为庸常世俗所扰的知己。

来客是焦点，林黛玉客居的身份与她迥异的个性常常同时被强调。刘姥姥做客大观园之后，偏同是客的黛玉直言"携蝗大嚼"，让批评者大感"触目惊心"。周瑞家的送宫花，最后至黛玉，遭她冷言抢白："我就知道，别人不挑剩下的也不给我。"这话对着主母的陪房心腹，恰恰挑起读者对她身份的意识与担忧。

林如海去世，林黛玉与贾琏扶灵回苏州的消息传到贾府，作者有一笔：

凤姐向宝玉笑道："你林妹妹可在咱们家住长了。"【庚辰】<u>此系无意中之有意，妙！</u>宝玉道："了不得，想来这几日他不知哭的怎样呢。"说着，蹙眉长叹。

庚辰本的"无意之有意"意在何处呢？我们细细揣摩这二人的反应，宝玉深知黛玉敏感爱哭，怜爱自在情理之中。凤姐这句话则多有意味："你林妹妹"是对话宝玉，带了些调侃。"可在咱们家"，"可"副词，加重语气；"咱们家"不是她家，内外有别。"住长"因无家，无依靠故长久寄居，不是尊客。客即是外人，凤姐在主客上是极分明的。这份"见外"在抄检大观园中王熙凤避让同是客的宝钗就看出差别了。凡此种种，一颗七窍玲珑心的林妹妹岂能无感？

林黛玉为此所苦，风刀霜剑严相逼，却不拘于此，心中自有天地。中秋夜宴，贾家人齐聚一堂，此时不吉之象屡征，贾母执念团圆热闹不肯散席，只黛玉早早离去与湘云塘前月下连诗，于衰象之后营造一片盎然的诗兴。我们回望第八十回，最美的章节都有黛玉诗作，几次诗社自不必言，《葬花吟》《桃花行》《秋窗风雨夕》都创作于或凌厉或幽暗的情境中。但凄苦有之，却从未混染，质本洁来还洁去。林黛玉的存在唤醒了超脱于尘俗的美，这种美是《红楼梦》最让人动容的地方。

二、不速之客，引出大变动

如果说林黛玉身上异质的元素唤醒了小说的结构，那么象征权势的外人到访，则是小说大变动的关节。

官场来客，皆牵涉紧要人物，是小说的关键节点。《红楼梦》未言具体朝代，亦不以"讪谤君相"为主，所以牵涉官场政治只是虚言、略写。但名物虽虚，官场上的事体情由作者却不回避。元妃省亲造就书中贾府全盛之景，亦掏空了贾府；忠顺王长史突然到访更是宝玉挨打最主要的原因。在第七十二回《王熙凤恃强羞说病　来旺妇倚势霸成亲》，夏太监遣人来贾府向贾琏索要银子前，作者正写贾琏夫妇为银钱左右支绌，甚至向鸳鸯谋划偷运贾母的东西周转。小太监来了，王熙凤即让贾琏藏起来，可见他们对宦官的畏惧。官场来客带有明显的压迫感和紧张感，这种肃然的氛围，一是因为作者对官场事的略写导致传进贾府的消息往往简要，未知带来恐惧，转述更加剧了不确定性。二是在于皇权圣意直接关系到贾府的生死兴衰，是外部力量中最大的变数。贾家的世勋地位已经式微，子孙无甚出息，只贾元春带来的外戚身份有一时风光。

对贾府来说，与官场有内外之别；对贾府内宅来说，亦有彼此之分。若以大观园中的居住者为主，那么突访的主母可为客。不论是邢王二夫人还是宁府的尤氏，她们的登门往往要掀起大风浪。第七十一回贾母做寿，尤氏借宿大观园，见园内门户不严，命人传令管家婆子。结果无人买账，最后勾出邢夫人寻衅，嗔怪凤姐。又邢夫人突来大观园暂歇，撞破傻大姐拾着绣春囊，引发抄检风波。而大观园的抄检更是一次"扫荡"。其后，王夫人对怡红院的肃清以雷霆手段则直接促成晴雯的死亡。

主母是内宅的决策者，是外部强权在深闺蔓延的象征。她们虽是客的身份，但始终占据主动的地位，主导事态的发展，作为弱势的被访者反而没有自主的能力。由此，我们可以理解府中人对不速之客的惊惶，他们意味着无常的变故，象征着莫测的命运。

三、僧道入世，指引小说方向

为僧为道又称出家，出家人到尘俗中来，自然是做客。在《红楼梦》中，一僧一道是超脱的存在，这对"超情节人物"有着明确的角色功能。他们发挥的作用主要分三种情况，一种是事件发生前的预示功能，比如林黛玉、英莲小时被请舍去出家、赠宝钗金锁；一种是人物陷入危急情况时的辅助功能，比如王熙凤与贾宝玉中巫蛊之术、赠贾瑞风月宝鉴；一种是在人物末路时的点化收束功能，甄士隐、柳湘莲等皆是。一僧一道在这部小说中有着明显的象征意义，前人有不少分析，比如刘勇强先生所言：

实际上，一僧一道源自曹雪芹对佛道文化的体认，也源自他从现实生活

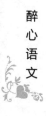

中获得的感悟；同时，他又依托前代艺术传统，将这种体认与感悟改造为一种沟通现实与超现实的象征手法，在出世的表象下，表现人类的精神追求与困境。

出家人或称局外人的特性，让他们可以在文本中务虚，探寻形而上的问题，又可代作者言，时时把握小说的方向，引导小说意义的生成。

从小说文本的角度来说，一僧一道的设置是一种"元叙述"的表达。《红楼梦》的故事内容是顽石上刻的它去人间的经历。而顽石去人间的最初情由是听了僧道谈人间事动了凡心，僧道这才满足它下凡的心愿。所以僧道既是红楼故事里的角色，亦是促使这个故事生成的人物。作者借他们的存在，将自己勾连进小说，成为顽石上红楼故事的改编者，由此才形成了开篇"亦真亦幻"的效果。本文简略划出三个层次。

（1）作者曹雪芹

（2）［青埂峰、太虚幻境、僧道、补天遗石、空空道人、改编者曹雪芹］

（3）［贾府、僧道（跛足道人、癞头和尚）、贾宝玉……］

在这里，除了曹雪芹，僧道也跨越了两个叙述层，且只有僧道在两个叙述层有整一的行动。甲戌本评道：

若云雪芹批阅增删，然则开卷至此这一篇楔子又系谁撰？足见作者之笔狡猾之甚。后文如此处者不少，这正是作者用画家烟云模糊处……

历代批评家多有对《红楼梦》珍而重之的，甲戌本便注意到这几重来去之间的妙处。

四、小结：来客的意义

1. 暗合读者窥视的心理

来客的视角是一种暴露，是入侵，它将原本隐秘的东西勾引出来，将原本各自孤立的空间串联起来。来客的视角，从某种程度上来说暗合了读者窥视的心理。这种窥视有两种，一种是贾府来客与贾府中人的相互窥探，这是小说的内视角；另一种是读者对《红楼梦》这本书以及曹雪芹的窥视。

来客与主人的相互窥视在他们一来一去的问答、一言一行的打量之中，作者通过这些方式将人物的内里透露一些，半遮半掩，让读者身临其境，让读者更有动力通过作品的蛛丝马迹揣测作品背后的真实。20世纪初风靡的索隐派、考据派的研究何尝不得益于来客的窥视？

窥视的妙处在于获得信息的曲折与不确定性，这些曲折的信息半真半假、半含半露，让人将信将疑，由此更可引发猜测、联想，形成小说的张力。

2. 陌生化的效果

四方来客，矛盾的挑起，造就丰富多变的情节，给贾府内宅的日常增添了无数波澜。贾府中事，有一半是通过他人的话语建构出来的，这其中功不可没的是来客的三言两语。来客对贾府以及贾府众人的各种言辞、视角不仅建构了贾府、大观园的立体形象，更使小说产生了陌生化的效果。

如果没有冷子兴这位古董商过客式的评点，贾雨村对贾府的印象仍旧停留在贾家金陵府邸带来的繁盛记忆之中。如果没有林黛玉的冷眼观察，我们也无从注意到贾府森严的大家之礼。如果没有刘姥姥的"撞"进大观园，我们亦无法深切感受到妙玉洁癖太过，宝玉尊养之甚。如果没有尤氏姊妹的做客贾府，我们对贾氏子孙的荒唐与王熙凤的心计和处境也欠缺直观的感受……《红楼梦》是"人情小说"，说到底不过是贵族家庭的日常，这日常能勾起读者持续不断的兴趣，是因为它将再普通不过的生活变成一个一个奇崛的存在。主人身在其中，不觉；读者进入了文本，亦以为理所当然，可来客的介入，惊醒了读者，让我们发现了日常中的不平常之处，使我们的"知觉摆脱了机械性""使石头更成其为石头"。

3. 你我皆是来客

来客是参与，参与的内容是人的生老病死。《红楼梦》中写了许多人的生日节庆、死丧典礼，各种喜事祸事，但是我们几乎没有看到人的出生（至少是在前八十回），虽然不断有来客，但呈现的是人的离散。宝玉是一个典型的喜聚不喜散的人，大抄检过后，王夫人发落司棋，他含泪说道：

我不知你作了什么大事，晴雯也病了，如今你又去。都要去了，这却怎么好。

此时，他尚有留恋未了悟，未知自己也不过是一块顽石，来这"花柳繁华地，温柔富贵乡"做了一回客罢，终了，仍要离去。贾府终如《红楼梦》组曲收尾所唱："好一似食尽鸟投林，落了片白茫茫大地真干净！"

参考文献

[1] 曹雪芹.《红楼梦》脂汇本［M］.长沙：岳麓书社，2011.

［2］刘勇强.一僧一道一术士——明清小说超情节人物的叙事学意义
　　　［J］.文学遗产，2009（2）.

［3］弗拉基米尔·雅科夫列维奇·普罗普.故事形态学［M］.贾放，译.
　　　北京：中华书局，2006.

［4］鲁迅.中国小说史略·汉文学史纲［M］.北京：人民文学出版社，
　　　2005.

［5］维克托·什克洛夫斯基，等.俄国形式主义论文选［M］.方珊，
　　　等，译.北京：生活·读书·三联书店，1989.